中职教师信息技术应用能力提升实践与研究

丁志方　著

合肥工业大学出版社

图书在版编目(CIP)数据

中职教师信息技术应用能力提升实践与研究/丁志方著．--合肥:合肥工业大学出版社,2024.7. -- ISBN 978 - 7 - 5650 - 6850 - 8

Ⅰ.G718.3

中国国家版本馆 CIP 数据核字第 2024X8W466 号

中职教师信息技术应用能力提升实践与研究

丁志方　著　　　　　　　　　　　责任编辑　毕光跃

出　　版	合肥工业大学出版社		版　次	2024 年 7 月第 1 版	
地　　址	合肥市屯溪路 193 号		印　次	2024 年 7 月第 1 次印刷	
邮　　编	230009		开　本	710 毫米×1010 毫米　1/16	
电　　话	理工图书出版中心:0551 - 62903204		印　张	5.75	
	营销与储运管理中心:0551 - 62903198		字　数	106 千字	
网　　址	press.hfut.edu.cn		印　刷	安徽联众印刷有限公司	
E-mail	hfutpress@163.com		发　行	全国新华书店	

ISBN 978 - 7 - 5650 - 6850 - 8　　　　　　　　　定价: 28.00 元

如果有影响阅读的印装质量问题,请与出版社营销与储运管理中心联系调换。

前　　言

在当前信息化社会背景下，信息技术（IT）在促进中等职业教育（中职）教师培训和专业能力发展方面扮演着至关重要的角色。研究表明，提高教师的信息技术应用能力与实施有效的信息化培训之间存在密切的关联性。传统的教师集中培训模式逐渐演变为多元化模式，例如远程教育和企业实践，以适应不同环境和需求的多样性。

为了有效地提升中职教师的信息技术应用能力，本书作者提出了一种因地制宜的培训策略。通过在合肥市三所职业学校中进行的调查，研究者们收集了教师信息化能力的现状和培训实施情况的数据，这为设定培训目标和规划未来的教师发展提供了重要依据。研究结果表明，教师的年龄、职称等个人属性因素对其信息化能力提升过程会产生不同的结果。

此外，书中通过精心设计的教师培训来提升教师的专业化能力对于职业学校的发展至关重要。研究指出，探索如何将教学技术与教学艺术有机结合，是提高教学效果和教师满意度的一个关键点。

本书通过引入"三有课堂"的教学模式，旨在提高教师教学的课堂效率，以及培养学生的学习兴趣和能力。随着互联网时代的到来，教育领域的教学方式也面临着新的挑战和机遇。本书将结合当前中职学校计算机应用基础教学中存在的问题，分享相关的教学方法和实践经验，并探讨如何更好地促进中职教师信息技术应用能力的提升；希望通过这些探索和实践，能够为中职学校计算机教育的改革提供一些思路和建议。

本书探讨了如何通过信息化手段提升中职学校教师的专业能力和教学水平。针对教师的信息化水平参差不齐，提升教师的信息技术应用能力是必要的，而有效的信息技术培训应因地制宜，利用教师自身的创造力和学校资源，建立教师与社会资源之间的联系，帮助他们在技术和教学之间建立联系，提高对技术使用的认识，从而促进他们在教学中合理有效地使用信息技术。

本书提出教师应充分利用信息化手段激发学生的学习兴趣，如利用微课、翻转课堂等提高教学质量。书中还强调，教师应主动转变教学模式，不断提升自身的信息化素养；学校应通过绩效改革等多方面措施，以激励教师提升自身的信息化能力。

该书的研究成果凸显了信息技术在促进中职教师培训和专业能力提升中的重要作用，并为实现这一目标提供了具体的策略和建议。学校通过实施这些策略，可以有效地推动中职学校教师队伍的现代化建设，进而促进整个职业教育体系的发展和进步。

目　录

第一章 教师信息化教学能力提升

第一节 概 况

从信息化教学能力提升研究途径角度看，随着信息技术的飞速发展，教育领域正在发生深刻的变化。信息技术在教育中的应用，为教师培训和教师专业能力提升提供了新的途径和方法。本书将深入探讨信息技术在中职教师培训和教师专业能力提升中的作用，以期为中职教育的改革和发展提供参考。

《教育信息化 2.0 行动计划》是教育部在 2018 年 4 月 13 日发布的一项政策文件，旨在通过信息技术的深度应用，实现教育领域的创新与变革。主要任务及实施行动包括数字教育资源的建设与共享、智能校园环境的构建、教师信息素养提升、学生信息能力培养、教育治理能力的数字化转型等。

信息技术在教师培训中的应用主要涉及在线培训，为教师提供了多样化的在线培训资源，如视频课程、在线讲座、交互式学习平台等。这些资源为教师提供了便捷的学习途径，提高了学习的灵活性和自主性。混合式培训则是信息技术支持下的培训方式，将线上和线下培训相结合，发挥各自的优势。在线上，教师可以自由安排学习时间，根据自己的需求选择学习内容；在线下，教师可以参与面对面的交流和讨论，增强实际操作能力。

信息技术对教师专业能力提升的影响主要体现在教学能力和教研能力的提升上。通过在线学习、混合式培训等方式，教师可以不断更新自己的知识和技能，提高教学能力和水平。同时，信息技术也为教师提供了丰富的教研资源和平台，促进了教师之间的交流和合作。

研究表明，信息技术在中职教师培训和教师专业能力提升中发挥着重要的作用。通过多样化的培训方式和丰富的资源，信息技术提高了教师的自主学习能力和教学水平，促进了教师的专业发展。然而，信息技术在教育中的应用仍存在一些问题和挑战，如技术培训、资源共享等方面的问题。因此，需要进一步完善信息技术在教育中的应用，以促进中职教育的改革和发展。

总的来说，从信息化教学能力提升研究途径角度看，信息技术在中职教育中起着至关重要的作用，它不仅提供了多样化的培训方式和丰富的资源，而且提高了教师的自主学习能力和教学水平，促进了教师的专业发展。然而，为了进一步推动中职教育的改革和发展，需要解决信息技术应用中的问题和挑战，如技术培训、资源共享等。未来可以从实践应用的角度出发，深入探讨信息技术在中职教育中更具体、更有效的应用方式和策略。

第二节 教师信息化教学能力提升研究现状

一、总体情况

目前，国家、省市层面对教师信息化能力提升的研究非常重视，投入了大量的人力和物力资源。国家层面出台了一系列政策文件，如《教育信息化十年发展规划（2011—2020 年)》等，强调了信息技术在教育领域的应用和教师信息化能力的提升。省市层面也相继出台了相关政策，对教师信息化能力提升提出了具体要求和措施。

二、现状分析

在教师信息化能力提升方面，各中职学校主要采取了多种培训方式，如远程培训、企业实践、研讨会等。同时，各级教育部门也在积极推进信息技术与教育的深度融合，探索新的教学模式和教学方法。然而，由于教师个体差异较大，信息化水平参差不齐，教师信息化能力提升的难度较大。

三、存在的问题

目前，教师信息化能力提升还存在一些问题，如培训内容与实际需求不匹配、培训方式单一、培训效果评估不科学等。此外，一些教师对自身能力提高缺乏主动性，导致信息化能力提升的效果不够理想。

四、未来趋势

未来，随着职业教育的快速发展和信息技术的发展，教师信息化能力提升将成为教育领域的重要趋势。各级教育部门将继续加大对教师信息化能力提升的投入，探索更加科学有效的培训方式和评估机制，推动信息技术与教育的深度融合。同时，教师自身也需要加强学习，提高自身的信息化素养和教学能力。

综上所述，国家、省市层面对教师信息化能力提升的研究现状表明，各级教育部门正在积极推进信息技术在教育领域的应用，探索新的教学模式和教学方法。然而，还存在一些问题需要解决，未来将进一步加大投入。

确实，随着职业教育的快速发展，社会对中职教师的信息化能力要求日益提高。中职教师不仅要具备将理论与实践相结合的教学能力，还要掌握本行业高科技的发展趋势和应用情况，并能将这些知识有效地融入教学过程。这种要求背后的原因是科技进步和产业结构的升级对人才培养提出的新的挑战。从我国目前职教师资的构成状况看，中职教师专业具有很强的可替代性，中职教师的信息化能力提升还亟待提高。在各种培训中，很多教师因为教学压力不大，对自身的能力提高没有主动性。

五、以合肥工业学校为例

目前，安徽省的中职学校教师的信息技术应用能力普遍较弱。合肥工业学校以教师团队为载体，利用信息技术应用能力提升手段，在专业教师引领、实践反思、团队合作等方面，结合本校特色，探索出中等职业学校教师专业化发展模式。教师专业化发展不论对教师个人还是对一个学校乃至一个地区的中职教育整体发展都有着深远影响。相对传统的教师团队建设更多的是利用信息技术应用能力提升的模式。

合肥工业学校教师在质量提升工程项目和省级课题的带动下，以校际合作为基础，以校企合作为依托，以专业发展为纽带，探索出一套教师专业化发展的模式，并在教师团队建设过程中立足本校特色，先后与北京超星、福建优芽、湖北秒到等企业进行校企合作，不断进行教学改革，多方位服务社会，并取得了明显成效。随着教师团队信息化水平的不断提升，该校在地区乃至全省起到了辐射引领的作用。

第三节　教师信息化教学能力提升研究方法

一、教师信息化教学能力主要解决的教学问题及方法

借助教师团队的实施方案，利用校际合作形式使优秀资源实现共享，更好地打造出中等职业学校优秀教育教学团队。以教师专业化发展推动课题的研究，更好地完成教育教学改革和科研项目；以校企合作促进教改、以教改促进教研、以教研促进发展的"三促进"，更好地促进中等职业学校教育教学工作。

教师团队建设的过程实际上就是质量提升的过程，利用"互联网＋"的现代信息化手段，从领衔人到成员，从外聘校外专家到企业师傅，整个都是围绕中职学生的教育教学。团队建设中不断进行培训、研讨、交流，除了对教师自身的业务能力不断提高，也在学校甚至全市范围内起到引领的作用。

（一）利用信息化手段推动教学改革

教师团队可以通过建立微课资源共享平台来集中备课，利用网络共享教学资源和经验。这种平台可以让教师相互学习、借鉴，进而提高教学水平，改进教学方法。

1. 教师团队可以利用共享平台建立微课资源

这可以是一个专门的网站或应用程序，为教师提供了一个集中的空间，用于存储、分享和交流与教学相关的各种资源，如教学视频、课件、案例分析等。通过这种方式，教师可以轻松地访问和利用这些资源，从而节省时间和精力，提高工作效率。

2. 利用网络进行集中备课

教师可以在平台上共享他们的教案、教学计划和课程设计，与其他教师进行讨论和交流。这种方式可以促进教师之间的合作和交流，分享彼此的教学经验和技巧，共同探讨和改进教学方法和策略。

3. 共享教学资源和经验

教师可以在平台上分享他们在教学过程中积累的教学资源和经验，如优秀的教学案例、实用的教学技巧、有效的评价方法等。通过这种方式，其他教师可以借鉴和学习这些经验和技巧，提高自己的教学水平以达到更好的效果。

在共享平台建立微课资源并利用网络进行集中备课和共享教学经验，是提高教师团队教学水平的有效方法。这种模式有助于促进教师之间的合作和交流，提高教学资源的利用率和教学质量。采用外聘模式建立校际的合作和资源共享，通过与其他学校建立合作关系并外聘省内专家，教师团队可以获取更多的教学资源和经验，促进教学方法的改进。

（二）以课题研究促进教师团队发展

教师团队可以联合省内专家开展课题研究，共同探讨教学方法和内容，互相交流经验，共同提高教学水平。

（三）共编教材达成目标

教师团队可以共同参与省市级课题研究，共同开发校本教材，以达到教学改革的目的。通过参与研究和教材编写，教师团队可以深入探讨教育问题，探索创新的教学方式，从而推动教育教学的进步和发展。

二、聚焦信息技术应用能力提升来推进教师专业化发展

教师专业化发展对教师个人和学校乃至整个地区的整体发展具有重要影响，而信息技术的发展为教师专业化发展提供了新的途径和手段。与传统教师团队建设方式相比，提升中职教师的信息技术应用能力，这种方式能够更好地满足教师个性化发展的需求，提高教师的教育教学水平。教师团队为每个成员设计了电子模板，作为阶段性发展规划的参考。这种做法可以更好地帮助教师进行自我评估和自我提升，同时也可以为学校提供更全面、更具体的发展数据和信息。通过结合教师信息化发展数据，学校可以更好地了解教师的需求和发展状况，制定出更加科学、更加符合实际的教学方案和培训计划，从而促进教师的专业化发展，提高教学质量和教学水平。

三、利用成果的推广应用效果，达到预期目标

建立教师专业化发展模式，对教师的发展有一个具体的规划表，在质量提升工程中形成自己的特色，为教师专业化发展提供了平台。教师专业化发展模式在"送教下乡"活动中及安徽省范围内开设讲座，交流经验，得到了充分的肯定。教师专业化发展模式促进教师专业化培训，对教师专业化发展首先要提升教师的专业水平，因此学校在安排上级部门的培训中对教师信息化发展尤其重视，也让教师专业发展得到提升。在此过程中，教师团队中的三位教师分别担任中国教育电视台、安徽省远程培训中心等线上培训的培训专家及辅导教师。

第四节　教师信息化教学能力提升研究成果

一、教师的发展是多方面的

在教师团队建设过程中，从规划到实施都要遵循教师专业化发展规律，只有这样，中等职业教师在队伍建设和发展上才能越走越专业。教师团队建设以来取得了显著的成效。

成果一：教师专业化发展，以教师团队为载体，利用信息技术应用能力提升手段，通过引领、实践反思、团队合作，结合本校特色，探索出中等职业学校教师专业化发展模式。在过去的两年中，以领衔人示范引领，教师团队在团队建设、运行管理、效能发挥等方面尝试创新，形成具有特色的模式。专业教师团队建设的过程实际上就是质量提升的过程，利用信息化手段，加强教师队伍建设，利用外聘模式建立校际的合作和资源共享。

成果二：教师团队以课题研究促进教师团队发展。教师团队在教师专业化发展建设中有了自己的特色和模式，先后带团队深入六安、淮南等地进行送教下乡的推广宣传，受到了一致好评。教师团队为教师专业化发展制定提升培训方案。教师团队课题自立项以来，总共参与各级各类培训达 30 人次。经过全体课题组成员的共同努力，在"信息技术支持下的中职教师培训和教师专业能力提升研究"的课题研究中获得了一些理论性的收获，并取得了一定的成果。

成果三：利用教师培训的省市级主管部门，结合不同职业学校的具体情况进行研究，力求数据的覆盖面及准确性有所保证；结合 2019 年信息化教学大赛的参与及结果来推动信息化培训的贯彻实施，更好地服务于教师。前期经过不同部门的数据收集，确定调研报告的内容，利用线上及线下的问卷调查收集，对上级培训部门未来3～5年的相关政策及培训方向进行研究再确定，在三所职业学校进行的中期研究方向及内容中，探索出适合职业学校今后培训的新模式，并可以作为其他省市的参照。

根据调查结果反馈，教师的信息化应用能力提升与教师的年龄、职称成反比，这也说明在信息化教学时代，思想意识的接受程度是影响教师信息化水平提高的关键因素（见图1-1）。

了解现代信息化教学以促进学生主动学习为目的，教师建立适应学生学习的信息环境，教师应该充分了解现代信息教学的特点，主动转变教学模式，不断提升自身的信息素养并提高自身的信息技术水平与应用能力。针对调查结果，从学校层面要能通过绩效标准的制定、教师职称评定等多方面进行改革，让教师有动力更有责任地去不断加强自身信息化能力的提升。

成果四：研究得出中职教师培训的新模式，并结合本校的研究实践成果在全省中职学校应用推广。根据通过验收的培训模式，完成培训建设体制、机制、模式，在全省推广研究和实践成果。

二、探索适宜的培训模式

通过研究中职教师的信息化应用能力，我们可以探索出更符合学校发展特色的培训模式。从2018、2019两年的培训情况来看，我们逐渐发现翻转课堂并不完全适用于中职学校。中职教育更适合采用混合式教学模式，即在课前通过微课推送知识，课堂教学注重实践操作，课后进行巩固练习，这是一种有效的教学方式。微课推送可以帮助学生提前预习和掌握基础知识，课堂教学则可以针对学生的问题进行解答和指导，实践操作则可以帮助学生加深理解并应用知识，课后巩固

中职教师信息技术应用能力提升研究调查表

最近更新日期
2018-12-20 09:06

答卷总数
229

1.请输入您所在的学校名称

点击展示词云图

2.您是（ ）

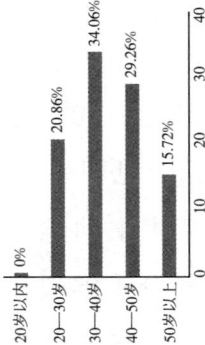

49.34%　49.34%　1.31%

文化课教师　专业课教师　纯行政人员

3.您的年龄所在区间（ ）

20岁以内 0%
20-30岁 20.86%
30-40岁 34.06%
40-50岁 29.26%
50岁以上 15.72%

4.您的职称（ ）

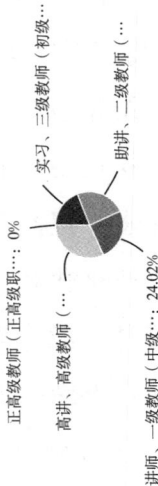

正高级教师（正高级职…）：0%
高讲、高级教师（…）
讲师、一级教师（中级…）：24.02%
实习、三级教师（初级…）
助讲、二级教师（…）

图1-1　教师信息化应用能力与年龄、职称成反比的调查表

010

练习则可以帮助学生进一步巩固和拓展知识。这种混合式教学模式可以提高学生的学习效果和教学质量。

混合式教学模式为中职教育带来了一些优势。①通过微课推送，学生可以在课前预习，提前了解知识点，有助于提高学习效率。②在课堂教学中注重实践操作，可以让学生更深入地理解和掌握知识，培养实际技能。③课后的巩固练习则有助于学生巩固学习成果，加深对知识的理解。因此，重新组织中职教师的培训和教学模式，注重混合式教学的应用，在课前、课中和课后分别进行适当安排和指导，有助于提高学生的学习效果和实际操作能力。这种教学模式能够凸显中职学校的特点，更好地满足学生的需求，推动中职教育的发展。这种模式对教师的信息化驾驭能力提出了更多更高的要求，他们除了有信息化教学能力，还要有教学设计能力以及课堂技能施展能力，同时也要有在课下利用信息化手段辅助教学的能力。

合肥工业学校的新老教师结对进行探索模式，自2017年以来每学年举行一届"蓝青结对"活动，将新入职（工作两年的教师）与学科（专业）带头人、教学骨干教师等结对，并在教学能力、信息化使用水平等方面进行帮扶提高。课题组的研究显示，在近4年中，一共对169位结对教师进行统计研究，教师的教学水平、信息化能力等方面都有不同程度的提升。在此项研究基础上收集了蓝青工程结对故事集（30对，60位），并作为教学成果进行申报，获市教学成果一等奖。

三、形成教师专业化发展的调研表

课题组成员按照教师专业化发展的模式设计调研表，对合肥工业学校每位教师进行调研，并形成数据。对于其他兄弟学校及省内中职学校采用了纸质调查表的方式收集到第一手数据（见图1-2）。

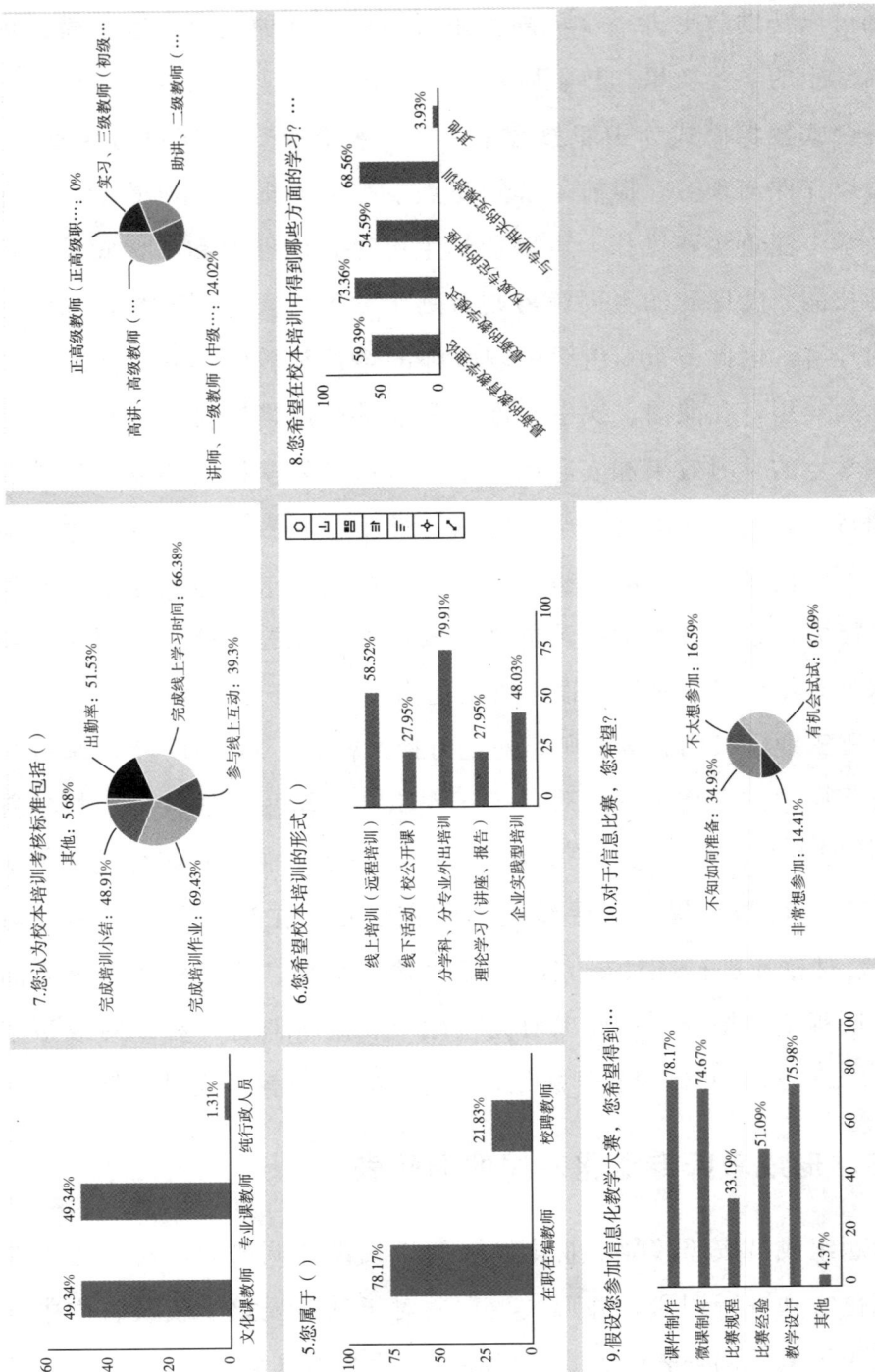

5.您属于（）
文化课教师 49.34% 专业课教师 49.34% 纯行政人员 1.31%
校聘教师 21.83% 在职在编教师 78.17%

7.您认为校本培训考核标准包括（）
出勤率：51.53% 其他：5.68% 完成培训小结：48.91% 完成培训作业：69.43% 完成线上学习时间：66.38% 参与线上互动：39.3%

6.您希望校本培训的形式（）
线上培训（远程培训）58.52% 线下活动（校公开课）27.95% 分学科、分专业外出培训 79.91% 理论学习（讲座、报告）27.95% 企业实践型培训 48.03%

正高级教师（正高级职…）0% 高级教师（…） 讲师、一级教师（中级…）24.02% 助讲、三级教师（初级…） 实习、三级教师…

8.您希望在本校培训中得到哪些方面的学习？…
68.56% 54.59% 73.36% 59.39% 3.93%

10.对于信息比赛，您希望？
不太想参加 16.59% 有机会试试 67.69% 不知如何准备 34.93% 非常想参加 14.41%

9.假设您参加信息化教学大赛，您希望得到…
课件制作 78.17% 微课制作 74.67% 比赛规程 33.19% 比赛经验 51.09% 教学设计 75.98% 其他 4.37%

图1-2 教师专业化发展调研表

四、建设精品课等线上资源

在研究过程中，我们结合合肥工业学校的质量提升工程建立了 10 门精品课，并结合提质培优行动，成功建立了包含 50 个教学能力大赛的录播、慕课等教学视频资源库。这些资源的建立，不仅丰富了教学内容，还提升了教师的信息化应用能力。

第五节　教师信息化教学能力提升研究历程

一、信息化能力提升历经几个阶段

第一阶段：调研安徽省中等职业学校教师培训的现状及趋势，以及教师专业化提升需求情况；不同学科教师在信息化能力提升方面需达到最低水平要求。根据调研近三年的教师培训方面存在的问题，结合未来几年的培训模式的探索进行论证。以调研结果为依据，教师信息化教学能力提升研究按照"准确定位、培训导向、需求分析、有效探究"的原则，构建中职教师培训与专业能力提升相结合的模式。

第二阶段：根据具体的实施方案，各成员在规定的时间内完成规定的任务。根据不同的研究方法确定不同的完成形式。

第三阶段：研究出中职教师培训的新模式，并结合本校的研究实践成果在全省中职学校应用推广。

教师信息化教学能力提升研究带动教师专业化建设，采取的主要对策：①教学改革中利用信息化手段；②教师团队利用平台建立微课共享资源，利用网络集中备课。③利用外聘模式建立校际合作和资源共享，教师团队以教师信息化教学能力提升研究促进教师团队发展。④主要联合省内的专家进行经验传授及交流；⑤教师团队共同参与省市级教师信息化教学能力提升研究；⑥共同参与微课教材的编写来达到教改目的。

反观我校教学能力大赛，我们发现了一些不足之处。①信息化水平相对较低，影响了教师在教学中的应用效果。②教师在主动使用信息化技术方面存在不足，因而在比赛中无法充分发挥信息化教学的优势。③由于对比赛准备不足，导致比赛过程中出现了一些不尽如人意的情况。

针对这些问题，我们对教学能力大赛进行了重新组织：①我们加强了信息化技术的培训，提升了教师的信息化应用能力。②我们鼓励教师主动使用信息化技术，以提高教学效果。③我们改进了比赛的准备和安排，确保教师能够更好地展示自己的教学能力。通过这些改进，我们希望能够提高教学能力大赛的水平和质量，为教师的专业发展提供更好的平台。

二、信息化能力提升的举措

合肥工业学校在 2018 年成功举办了第二届信息化教学比赛（微课比赛），整个比赛历时超过四个月。

在这次比赛中，学校特别在经信学部五楼设立微课机房，用于比赛的组织和评选工作。为了确保评选过程的公正性和专业性，学校邀请了六名省内知名的教育教学专家和信息化技术专家组成评审团。严格按照评审标准，对参赛的 81 件微课作品进行了细致而严格的评选。这次比赛，不仅提升了教师的信息化教学能力，也为学校的教育改革提供了宝贵的经验和启示。

　　课题组自组建成立以来，对教师的专业化发展尤其关注，特别是提升教师信息化背景下的教学能力，促进信息技术与课程教学深度融合，并对学校每两年举行一次信息化教学比赛进行跟踪调查。

　　在近几年的信息化教学比赛中，一大批优秀教师脱颖而出，他们本着对教育事业的热爱和教学态度的严谨，认真学习信息化技术，选题恰当，构思巧妙，把信息技术与本学科教学高度融合，实用性强，赢得了评委的高度赞扬。

　　课题研究目标：探究传统培训对教师专业能力提升的有效方法。结合日常教学及比赛形式让教师的专业能力提升得到实践和巩固。探索出一套适合职业院校教师专业能力提升的培训模式。

　　研究内容主要涉及培训内容研究——编写一套校本培训教材；培训方法研究——总结一套培训方法（以赛促学、校企合作、置换、顶岗实习、集中、网络、校本、上级、考察……）；培训模式研究——探索一套培训模式；培训者培养研究——培养一支培训团队。

第二章 教师信息化教学能力提升研究课堂实例

第一节　再谈多媒体辅助教学

多媒体课堂教学提供了交互式的学习环境。在课堂教学中提供交互式的学习环境，是多媒体教学网络优于其他媒体技术的最突出特点。例如，以往上机普遍存在两个问题：一是面对众多的机器，教师难于及时、准确、全面地掌握学生练习的实际情况；二是难以做到上机的同时学生之间进行交流。由于传统的教学手段难以解决上述问题，因而上机变成学生自己的活动，使教学处于失控状态。

一、多媒体辅助教学的优点

从 2017 年以来，合肥工业学校通过多媒体教学网络的轮流监控功能，让教师可以实时地与学生建立反馈联系，通过检查上机操作过程来了解学生当时的思维活动，据此来调控教学过程；同时，利用教学示范、电子举手、辅导答疑、语言对话、监控管理等功能进行学生之间的讨论，辅以经验介绍以及教师对学生的辅导等交流活动来增强教学效果。

多媒体课堂教学可以利用教学示范、语音对话等功能；教师讲解演示，学生则可以上机练习；利用监控管理功能，可以将学生练习情况及时地反馈给教师；利用电子举手功能，学生可以方便地提问；利用辅导答疑功能，教师可以进行"手把手"个别指导；对学生练习中的典型问题，教师也可以在全班进行示范，等等。这样，将诸多的环节连成一个有机的整体，优化了课堂教学结构，提高了教学质量。

多媒体课堂教学充分利用计算机可以存储大量信息的特点，并可按不同的信息分类建立多媒体教学素材库。例如，合肥工业学校根据教学所需的图片、录音、教案、习题、模拟实验用具、参考文献等分类建库。某种意义上来说，电子教室又是一个实验室、语音室、资料室和小型图书馆。教学时，利用多媒体教学网络，教师只需坐在教师机前，就可以快捷检索信息，将大量多媒体教学素材集中展示到每台学生机上，学生也可以通过学生机使用上述所有资源。这种高效率的教学手段和高密度的教学方式，毫无疑问能大大提高课堂教学效率。

截至 2023 年，合肥工业学校共有多媒体教室 193 个、机房 30 个，基本上能够满足教师的教学需求。在课堂教学中应用多媒体技术手段是辅助课堂教学、帮助教师实现"创设情景、激发动机、提出问题、建立图景、引导讨论、画龙点睛"教学目标的极好工具，能够体现"以能力立意为主"进行教学的基本思想。多媒体课件不仅仅有利于知识传授，更重要的是用它可以创设情境对学生进行能力培养。

二、PPT 教学课件的作用

近几年，合肥工业学校很多教师都开始使用 PPT 软件来制作教学课件，并且将其应用到课堂上，从而优化了课堂，提高了课堂教学质量。多媒体教学演示文稿在教学中的应用日益广泛，在辅助课堂教学过程中发挥了重要的作用。

（1）有效地缩短教学时间，提高记忆效率，最大限度地调动学生的有意注意与无意注意。多媒体教学通过演示课件，使授课方式变得方便、快捷，节省了教师授课时的板书时间，提高了教学效率。有条件的学校还可以利用互联网实现资源共享，在校园网或者是教育网上，甚至是在整个互联网上，最大限度地实现教师、学生、学校、家庭和社会之间的交流。

（2）有利于激发学生的学习兴趣，对教学内容可重复学习，可以进行远程教学，提高教学效率，节约教育经费，降低教育成本。

（3）综合应用文字、图片、动画和视频等资料来进行教学活动。对使用普通教学手段难以讲清楚，甚至无法讲清楚的知识重点、难点，一些抽象难懂的知识在普通条件下难以实现、观察到的过程，用图片、动画和视频就更直观、更形象。

（4）活跃课堂气氛，加深巩固教学内容，使学生感受到学习的喜悦，寓学于乐。因此，课件的知识表达能力更强，给学生留下的印象更深。

（5）增大信息量，有效扩展课时容量，提高教学效率。

三、多媒体教学的不足

多媒体虽然优势很多，但是应用不当就会得不偿失。学校的老师为了引起学生的学习兴趣、提高学生的学习能力，可谓"费尽心机"。多媒体教学应突出学科的特性，遵循教学的规律，以培养学生的思维能力、自主创新学习能力为着力点，努力提高课堂教学效益。为此，结合笔者的实际教学和听取合肥工业学校部分教师使用多媒体教学的体会，谈谈多媒体教学的不足，主要有以下几个方面：

（一）课件"统治"课堂，教师不能因材施教，师生难以情感交流

新的课程标准要求注重对学生认知方法的培养，倡导自主、合作、探究的学习方式。在使用多媒体实践教学中，教师应着重引导学生通过发现、探究和意义构建的途径获取知识，也就是说，教学媒体应该是学生进行发现、探究、认识社会、接收新信息并最终完成意义建构的手段，而不应该变成教师讲解演示的工具。课件"统治"课堂已严重妨碍了师生课堂情感的互动，这在语文、英语、政治等文化课上表现得更明显。

"水尝无华，相荡乃成涟漪；石本无火，相击而发灵光。"有经验的教师都知道，一堂成功的文化课，不仅是通过"科学的方法"让学生接受自己传授的知识，而且还在于引导学生学习时能够成功地调控课堂情绪和气氛，激活思辨的火花，形成师生之间、学生之间的情感交流、思想碰撞和灵感的迸发。

因此，在运用多媒体的过程中，教师在"教"中的引导者地位，不能以"机"取而代之。在多媒体的使用方式和时机上，要突出学生在学习过程中的主体地位，要有利于发挥学生的主观能动作用。如果用课件的演示代替教师的讲解，那教师在课堂上要做的便只是不断地点击鼠标，用事先设计的课件流程去取代学生思维的发展轨迹，学生就成了始终仰着脖子的观众。

（二）喧宾夺主，图文脱节，干扰学生视听，分散学生注意力

多媒体教学手段的运用，有助于设置生动的教学情境，增强教学的直观性，引导学生入情入境，从而提高课堂教学效率。教师如果一味追求新奇、刺激，过分夸张插图的形象，甚至使其变形，在不应该插图的地方插图，或者插上与授课内容毫不相关的图片，仅仅为了点缀画面，追求所谓的美化效果，这样的做法可能会适得其反，不仅不能提升教学效果，还可能分散学生的注意力，影响学生对知识的理解和掌握。因此，教师应该注重插图的质量和实用性，使其真正服务于教学，提升学生的学习效果。课堂上播的音乐不经过严格的挑选，与教学内容不融洽不和谐，就势必会造成学生注意力分散，给课堂教学带来负面影响。

笔者在观摩过不少多媒体的课堂教学后发现，实际上，现在许多所谓的多媒体课件，只是简单的文字加图片，再配上音乐、动画等元素，甚至图不对文，缺乏印证，牵强附会……课堂上学生的兴趣是有了，但热热闹闹的一节课过去之后，似乎什么也没有留下。

《米洛斯的维纳斯》一文中说："米洛斯的维纳斯虽然失去了两条由大理石雕刻成的美丽臂膊，却出乎意料地获得了一种不可思议的抽象的艺术效果，向人们暗示着可能存在的无数双秀美的玉臂。"教学也是一门艺术，它也同样如此，传统的教学中抽象的文字虽不能像直观的图像那样给学生视觉、听觉的直接享受，却给学生留下了想象、创造的空间，可以使学生获得间接的享受。

（三）本末倒置，过分追求多媒体课堂教学的高密度、大容量、快节奏

多媒体教学的高密度、大容量、快节奏已成事实，这为提高教学效益创造了便利条件，但并非每个内容都适合用所谓的多媒体进行教

学。特别是在一些理科的文化课中，要有选择性地确定多媒体教学，正所谓凡事皆有"度"，适"度"才有可能收到预期的效果；过"度"则会事与愿违，适得其反。因此，多媒体课堂教学要恰当控制教学容量、密度与节奏，要以有助于学生接受与消化为前提。

总之，教师应该认识到，多媒体辅助教学应顺应而不顺从时代的发展，使用多媒体辅助各科教学既是现代教育技术的运用，又是对传统教学方法的补充。应该相信，如果教师在运用多媒体的过程中能时时注意为教学服务、为学生服务这一点，以人为本，扬长避短，多媒体辅助教学作为一种新型的教学模式就一定会发挥出更大的优势。

第二节　微课在教学过程中的设计与制作

微课设计的关键性在于对课程内容的结构化安排和教学资源的整合，这一点非常正确。微课设计需要将课程内容进行结构化安排，以便学生能够更好地理解和掌握知识。同时，微课还需要整合各种教学资源，包括教学视频、课件、案例分析等，以便学生能够更好地利用这些资源来学习。通过结构化安排和整合教学资源，微课可以提高学生的学习效果和教师的教学质量，促进学生的知识掌握和应用能力的发展。

一、微课设计的步骤

（一）选择合适的微课主题

教师根据所教授的学科或课程内容，挑选一个主题作为微课的核心内容，这一步需要突出重点，明确目的，确保学生能够清晰地理解和掌握。

（二）定义和规划微课的具体内容

教师需要确定微课的教学目标，设计教学大纲和课程结构，明确所要涵盖的知识点和教学重点。这一步需要考虑到学生的认知水平和理解能力，确保教学内容的层次性和系统性。

（三）收集各种教学资源

教师在微课设计过程中需要收集各种教学资源，包括图片、文本、视频、音频、动画等。这些资源将在微课制作过程中被整合利用，帮助学生更好地理解和消化所学知识。

（四）制作微课

在完成上述准备工作后，教师需要制作微课。这包括录制或编辑视频、音频、动画等，确保微课的质量和效果。

二、微课设计注意事项

（一）确保微课的时间适中

微课的时间应该控制在 3～10 分钟内，以便学生能够集中注意力，快速掌握知识点。

（二）注重互动和反馈

在微课中，教师可以通过提问、讨论等方式与学生互动，了解学生的学习情况，及时调整教学内容和方法。

（三）注重反馈和评估

教师需要及时收集学生的反馈意见，以便对微课的效果进行评估并不断改进、完善微课的设计和制作。通过收集学生的反馈意见，教师可以了解学生对微课的满意度、对微课内容的理解和掌握程度，以及学生对微课的建议和意见。这些反馈可以帮助教师了解学生的学习需求和兴趣，调整和优化教学内容和方法，提高教学效果和教学质量。

因此，收集学生的反馈意见对于教师而言非常重要，因为它是改进和完善微课设计制作的关键因素之一，从而能够更好地帮助学生理解和掌握知识，提高教学质量。

总之，微课设计是提升教学质量和学生学习效果的关键环节。教师需要关注微课的主题选择、内容规划、资源整合、制作质量等方面，为学生提供高质量的微课，促进学生的学习和成长。

三、微课设计的核心

教学活动包括讲解、问题探讨、案例分析、实验演示等。教师通过多样化的教学活动，可以激发学生的学习兴趣，提升教学效果。

在微课设计完成后，教师可以进入微课视频的制作阶段。根据所设计的教学内容和教学资源，制作出相应的微课视频。在制作过程中可以采用屏幕录制、动画制作、视频剪辑等技术手段，确保视频质量和效果。

设计好微课后，教师可以进行教学评估，包括自我评估和学生反馈，通过评估可以确认微课设计的有效性和教学效果，及时调整和改进设计方案。

最后，教师可以将设计好的微课应用于课堂教学中，通过播放微课视频和组织教学活动，引导学生进行学习，达到教学目标。

互联网＋的时代已经到来，各行各业都在尝试互联网和行业结合的发展方式。教育行业也在尝试互联网与本行业相结合的多种形式，其中微课的出现得到了教育界的广泛关注、探讨和实践。近几年，国际上各类教育机构、培训机构、软件公司在微课方面都投入了大量的人力、财力、物力，也进一步促进了微课的发展。

对于微课的定义，目前没有统一的结论，但是对于微课的认知，基本上已经从大家对"微课"这个名词的认可中得到了统一，即"微"＋"课"。通常所说的微课，是指运用信息技术按照认知规律，呈现碎片化学习内容、过程及扩展素材的结构化数字资源。"微课"的核心组成内容是课堂教学视频（课例片段），同时还包含与该教学主题相关的教学设计、素材课件、教学反思、练习测试及学生反馈、教师点评等辅助性教学资源，它们以一定的组织关系和呈现方式共同"营造"了一个半结构化、主题式的资源单元应用"小环境"。因此，"微课"既有别于传统单一资源类型的教学课例、教学课件、教学设计、教学反思等教学资源，又是在其基础上的继承和发展。

四、微课的特点

（1）短小精悍。微课的教学视频通常控制在 5～10 分钟，相较于传统的一节课的 40～45 分钟，微课可以被视为"课例片段"或"微课例"。这样的时间设置使得学生能够集中注意力，更好地理解和掌握知识点。

（2）内容聚焦。微课的内容通常聚焦于特定的学科知识点，如重点、难点或疑点，以及课堂中的某个教学环节主题，具有高度的精练性和针对性。

（3）资源轻便。微课的视频和辅助资源的总容量较小，一般在几十兆左右，便于教师随时随地在线观摩、评课、反思和研究。此外，微课的视频格式支持网络在线播放，如 mp4、rm、wmv、flv 等，为教师提供了更多的灵活性和便利性。

综上所述，微课以其短小精悍、内容聚焦和资源轻便的特点，为教师提供了一种灵活高效的教学和学习工具，有助于提高教学质量和学生的学习效果。

五、制作微课的建议

在制作微课时，制作者通常会从自己任教的学科中选择一个特定的内容作为微课的主题。虽然一个学科的所有内容都可以被拆分成多个微课，但这样的工作量巨大且不太实际。由于同一个学科会有许多研究者探讨，不同的人选择不同的主题进行制作，并将微课视频分享出来，这样可以形成一个相对完整的教学内容集合，实现思想的交流和集思广益。此外，即使有多个制作者选择同一个主题，他们不同的处理方式和观点也能为学习者提供更多的学习思路，营造出一种学术氛围。因此，制作者只需找到一个合适的内容作为微课的主题。

微课的主题应突出、明确且相对完整。它以微课视频为主线，整合教学设计（包括教案或学案）、多媒体素材和课件、教师的课后反思、学生的反馈以及专家的点评等教学资源，形成一个主题鲜明、类型多样、结构紧凑的"主题单元资源包"，创造一个真实的"微教学资源环境"。

在制作微课时，需要根据主题查找和处理相关的资料，这些资料可能是图片、文本、图像、音频、视频、动画视频、课件等。资料的加工和处理是微课制作的关键，需要有效地整合资料，使其可以最贴切地表达每个知识点。多媒体资料应符合知识内容和教学对象的特点，以激发学习者的兴趣，并帮助他们在短时间内理解和记忆学习内容。在微课制作过程中，这些资料可能来源于网络，也可以由制作者自己加工制作。

（一）选择合适的微课视频制作方式

目前主流的微课视频制作方式主要有三类，分别为拍摄剪辑方式、屏幕录制方式和软件制作混合制作方式。无论哪种方式都要使用微课制作的软件。目前，被大家熟悉的软件有如下几种：

（1）利用 PowerPoint 等录屏软件制作微课。PowerPoint 不仅是幻灯片制作软件，利用它自带的屏幕录制功能还可以实现微课制作。制作好用来演示的 PPT 文件，开启"录制幻灯片演示"功能，放映幻灯片的同时进行知识点讲解，讲解过程会被全部录制。这个软件大家一般都会熟练操作，特别是需要对照屏幕或者制作好的课件直接讲解的课程，非常适合使用。

（2）利用 Camtasia Studio 等专业屏幕录像及视频编辑软件制作微课。这类软件可以轻松实现屏幕操作的录制，并能进行同步配音；可以单独制作，也可以后期合成。多种形式的资料都能导入使用，专业性较强，有着较为广阔的应用范围。

（3）利用手机软件制作微课。随着互联网的发展及移动设备的普及，越来越多的教师及学生尝试使用手机进行教学与学习。不同于早期的"手机＋白纸"拍摄制作微课的方式，手机软件可以帮助教师利用软件应用直接在手机上制作微课，制作方法简单易行，手机随身携带，可以充分利用碎片化时间随时随地地查找、制作，方便使用者随时查看、学习，例如"快讲""彩视""短片大师"等应用程序。未来手机微课有着更大的发展空间。

（4）在平板电脑上利用 Explain Everything 等软件制作微课。此类软件可以围绕微课主题，录制成微课，生成多种格式的文件，供学习者进行个性化学习。平板电脑作为教学和学习的载体，替代了传统的书本，既是师生之间教与学的纽带，又架起了师生学习交流、情感沟通的桥梁。

（5）利用 Easy Sketch Pro 等手绘动画制作软件来制作微课。手绘动画制作软件与 PPT 等演示工具不同，这类软件通过动画展示方式呈现信息，将可视化对象用画笔形式勾勒出来，可以让学习者看到虚拟的手势及笔触，使得信息的表达方式更生动有趣，增强了视频的真实感。这类软件制作出的微课趣味性强，表现力强，对于低年级学生和学习动力欠缺的学生适应性强。有些学科课程内容和这类软件的表现方式融合度高，更适合使用此类软件制作微课。

（6）利用 Storyline 等交互式课件制作软件来制作微课。这类软件一般有着强大的交互功能、直观的操作界面，能够快速实现添加测试、录制屏幕、拖放交互等功能。制作出的微课不仅能够让学生通过观看视频进行学习，还可以通过具有交互功能的测试练习来增强学习的趣味性，提高学生学习的积极性。这个软件特别适合课堂互动环节课程的微课制作。

当然，微课制作软件很多。不同学科可以结合学科特点和所选主题特点选择合适的软件制作微课。

（二）后期制作

微课设计的关键在于对课程内容的结构化安排和教学资源的整合。教师在制作微课时，选择合适的主题并定义具体内容非常重要。此外，教师应该注意避免为了迎合新潮和创新而一味制作微课，而应当保证微课内容与课程内容契合，确保学生能够有效理解和掌握知识。

在微课制作中，教师可以运用如 Camtasia Studio 等专业软件对微课视频进行精细的后期编辑。编辑过程中，教师可以添加片头和片尾，以吸引学生的注意力并增强视频的专业性。教师还可以在视频中添加字幕，以帮助学生更好地理解和跟随课程内容（特别是对于听力理解有困难的学生）。转场的运用可以增强视频的流畅性和视觉吸引力，使内容更加连贯。教师还可以设计测试环节，以检验学生对视频内容的掌握程度，并提供及时反馈，促进学生的参与。通过这些后期编辑技巧，教师可以制作出高质量的微课视频，提高学生的学习体验和效果。

值得注意的是，在微课制作过程中可能会面临一些问题需要引起警惕。首先，教师应避免盲目使用微课，而应根据实际教学需求选择合适的教学形式，避免过度依赖微课，以防止形式主义。其次，微课的制作主题内容是教师，微课内容呈现由专业公司进行制作，以确保微课内容具有针对性和教学价值。此外，教师在制作微课时可能会遇到技术障碍，因此需要使用简便易操作的软件来提高制作效率。

总的来说，微课应当是教师和学生共同的教育资源，设计和制作过程应该围绕教学内容和目标展开。正确使用微课不仅可以提升教师的教学水平，有利于其专业成长，也有助于学校教育教学模式的创新和发展。因此，教师在微课设计和制作过程中应注重课程内容的结构化安排和教学资源的整合，以确保教学效果最大化。通过精心设计和制作，微课可以成为提高教学效果和激发学生学习兴趣的重要教学工具。

第三节 "互联网＋"时代中职计算机网络课程教学模式探索

在"互联网＋"的时代背景下，传统的教学模式受到了前所未有的挑战，针对目前中职学校在计算机网络专业教学中所遇到的困境，结合"互联网＋"的概念，利用互联网平台和多种信息化教学手段，对现有教学模式进行创新，探索新型的教学模式。

"互联网＋"是指"互联网＋各个传统行业"，但它并非两者的简单相加，而是利用信息通信技术与网络平台相结合，使得互联网与传统行业进行深度融合，创造新的发展生态。"互联网＋"时代下的传统教学模式遇到了前所未有的挑战，微视频资源的飞速发展，打破了从传统课堂获取资源的各种局限性；信息化教学手段的推陈出新，教育形式与互联网技术的结合带来新教学模式的发展。计算机网络是中职学校计算机类的重点课程，传统教学模式的低效已经无法适应时代的发展需求，构建适合"互联网＋"时代的新型教学模式迫在眉睫。

一、中职学校计算机网络专业教学的困境

（一）学生的基本素质不高

中职学校学生普遍存在钻研性不强，缺乏学习的主动性和积极性，网络基础浅薄，对枯燥的理论知识兴趣缺乏，接受度较低，动手能力较强，喜欢实训课程，但遇到困难容易放弃等特点。计算机网络理论知识体系结构庞大，知识点繁多，很多知识不容易理解，如网络体系结构、各种协议的执行过程等等。学生对于这部分的理论学习吸收率低，兴趣缺乏，如果没有理论知识的支撑，实训课程也是一知半解。计算机网络实训课程也有一定的难度，尤其是网络设备安装调试课程，有大量的配置代码，对于英语水平较低的中等职业学校的学生来说，无疑是一项重大挑战。

（二）实训环境的局限性

学校构建一个网络实训室的成本不容小觑，而做到每个实训的学生都能拥有一套可以操作的设备更是需要耗费巨大成本。现阶段多数学校的网络实训室设备有限，让所有学生能够同时进行设备安装配置的情况很少，实训过程中常常面临一部分学生操作，另一部分学生"干瞪眼"的现象，学习水平的两极分化逐渐拉大。长此以往，愿意学习的学生将

会寥寥无几，课堂管理的难度也会加大，这极大地影响了教学效果。

（三）教学方法的单一性

在传统的计算机网络教学中，缺少多元化的教学方式，教学主要采用先讲理论、再动手实践的模式，理论课程和实训课程分开授课，致使理论课程与实训课程不能有效衔接。实训部分的讲解由教师单方面展示操作流程，让学生只能观看后进行实际操作，师生互动性差，尤其随着课程难度的加大，学生难以通过短时的观看方式学会操作，进而实训时困难重重，逐步失去学习的信心和兴趣。

（四）缺少有效的课后评价环节

学生完成学习后，教师的认可和评价是不可或缺的。传统的评价环节是以教师为主体，侧重于评估学生的学习结果，忽视个体差异和个性化发展趋势。评价方法单一，主要依据教师评价，学生被动接受，学生缺乏积极参与，教师无法了解到学生的各个时期的进步状况和努力程度，缺乏教学的有效性。

二、"互联网＋"时代构建教学新模式的措施

（一）构建网络专业教学的"云"空间

随着互联网技术的飞速发展，微课和MOOC等微视频资源得到了广泛的关注，而"互联网＋"的出现，使得简单的在线教育模式符合网络扁平化的要求，进而发展成为一个交流和共享世界各地优质教育资源的平台。这种模式为教育资源的公平分配和优质教育资源的共享提供了新的可能性，也为教育行业带来了更多的机遇和挑战。

微课和MOOC等微视频资源，以其时间短、内容精、资源小巧等优点，成为现代远程教育的重要组成部分。它们通过在线平台进行传

播，突破了时间和空间的限制，使得学习者可以根据自己的时间安排和兴趣爱好进行自主学习。这种灵活的学习方式，使得越来越多的人能够享受到优质的教育资源，促进了教育的普及和发展。

此外，"互联网＋"的出现也为教育行业带来了更多的创新和变革。例如，在线教育平台可以整合各种优质教育资源，提供多样化的课程选择，满足不同学习者的需求。同时，这些平台还可以通过大数据分析和人工智能技术，为学习者提供个性化的学习建议和反馈，提高学习效果。

针对中职学生的特点，将计算机网络专业中与实训操作紧密联系的理论知识整理出来，将其中枯燥难懂的理论知识制成生动有趣的微课视频，置于网络教学资源平台上，让学生利用网络学习工具，如超星学习通等软件，课前学习微课内容，完成教师布置的课前任务。教师能从网络资源平台中了解到学生对知识的掌握情况，在课中有针对性地讲解知识点。网络上课程资源丰富，内容完备，形式多样，学生可以选择自己喜欢的课程学习，帮助他们开阔视野。

（二）采用多样化的教学手段

在"互联网＋"时代，大多数只能在实验室环境下进行的实训操作可以随时以微课形式显示，包括实训过程中不能观测到的现象，也能够通过微课生动地显示，比如模拟底层协议的工作原理，让学生更深入地了解抽象概念。教师只需提前录制实训操作的微课视频，置于网络教学资源平台，学生在实训中遇到困难可以随时观看学习。另外，可以利用仿真软件模拟真实的网络环境，克服网络实训室设施的局限性，提高学生的实训效率。教师要结合学校实训室情况，选择合适的网络仿真软件，常用的网络仿真软件有网络设备模拟器 Packet Tracer 或 H3C 网络设备模拟器，教会学生使用网络设备模拟器；同时，将网络设备模拟器的教程加入网络教学资源平台，供学生课下学习。在实训课程中，如果网络实训设备不足，学生可以先通过网络设备安装模拟器进行实训，熟练掌握实训过程，熟悉实训代码，缩短实训时间。熟练整个操作过程后再在实体设备上进行安装配置，可以大大提高教学效率。

（三）以学生为主体，分类教学

教学过程中，教师很难做到对每名同学进行有针对性的指导，为了保证所有同学都可以理解相关的计算机网络知识点，同时保障学生之间的合作意识得到进一步优化，确保学生之间的讨论和分析可以进一步增进学生对课堂的有效理解，教师可以通过网络教学资源平台发布小组任务，展开小组讨论，促使学生主动学习，在小组讨论过程中，形成互帮互助、合作学习的氛围。教师可以通过网络教学资源平台看到学生的讨论情况，对于一些难点，可以根据班级学生的整体表现，进行适当讲解，更好地满足他们对相关知识点的理解。

（四）实现课程教学评价的有效性

课堂上学生完成学习之后，可以在网络教学资源平台上进行自评、小组成员间互评、教师现场点评。课后，教师可以根据教学目标设置测评内容，并将其发放到网络教学资源平台，学生可以登录网络教学资源平台，完成课程的评价和反馈；通过设计符合课程目标的满意度问卷调查，了解学生的知识掌握程度，并制订更合理的教学计划。学生可以在网络教学资源平台上提出课程学习中遇到的问题，也可以对教师的教学方法提出建议，采用多元化的评价手段，从教师主评转变成师生互评，实现教学评价的有效性。

（五）以就业为导向，拓展教学范围

"互联网＋"时代，社会对计算机网络人才的需求不断增加，计算机网络专业学生就业的机会也越来越多，然而，中职学校计算机网络专业学生却难以找到合适的工作，学历的制约不可避免，而更重要的是学校培养与企业需求的脱节。教师在教学中除了对教材内容的讲授，更应注重培养学生的应用技能。随着网络化、信息化的不断发展，校企合作手段也逐步增多，企业进课堂的教学活动更便于开展，采用信息化的手段，如视频直播、远程连线等方式，请企业专家开设远程讲座，了解行业动态；也可以请企业发布任务，由学生尝试用所学技能解决问题，了解企业对计算机网络专业人才的需求，教师根据实际需求改变教学策略，扩大教学范围，培养适合社会需求的技能型人才，适应社会发展。

三、模式探索总结

"互联网＋"时代下，教学的改革不仅是教学模式的改革，更是教学理念的改变；教学资源的获取不再是单方面的传授，知识的来源与获取更加方便和多样化。作为计算机网络专业的教师，需要紧跟时代发展形势，不断吸取新知识，大胆尝试计算机思维能力培养的新理念，应用微课、MOOC、翻转课堂等新技术，探索适合自己课程的新模式；通过多元化的教学手段，帮助学生从被动学习过渡到主动学习，提高教学效果，实现中职计算机网络专业人才培养与企业需求的无缝对接。

第四节　中职计算机应用基础教学改革实践研究

——以"三有课堂"为例

一、实践研究背景

计算机应用基础课程是中职教育中至关重要的公共基础课程，对于培养学生的学习兴趣、提升学习能力和端正学习态度具有显著影响。

为了改进教学方法、提升教学质量，中职学校正在积极探索教学改革。本文以我校实践为例，介绍了"有用、有趣、有效"（三有）课堂教学模式的实施和成效。该模式通过转变教学理念、选择与岗位标准对接的教学内容、实施调动学生主动参与的教学策略、根据学生实际情况制定教学目标以及改革突出"三有"教学评价标准等方面进行了系统性的实践研究。研究表明，这种教学模式能够显著提高教学效果，为中职学校计算机应用基础教学提供了有益的改革路径。

二、"三有课堂"的实施

中职学校计算机应用基础教学的目的在于培养学生具备基本的计算机应用知识和技能，这是企业和社会对人才的基本要求。然而，如何通过教学改革提高学生的学习兴趣和能力，是中职学校面临的重要课题。为此，我校在部分班级开展了"有用、有趣、有效"的"三有课堂"试点。

首先，我们转变了教学理念，从传统的知识传授转向以学生能力为本位的教育。其次，教学内容的选择与岗位标准对接，确保学生所学知识与实际工作需求相符。再次，我们采取了一系列策略来调动学生的学习积极性，如实施项目驱动、案例教学等；同时，根据学生的实际情况制定教学目标，确保教学的针对性和实效性。最后，我们改革了教学评价标准，强调过程评价和综合能力评价，以突出"三有"教学理念。

通过这些改革实践，我们发现"三有课堂"能够有效提升学生的学习兴趣和学习能力，端正学习态度，改善教学效果。以计算机应用基础课程为例，详细介绍我校"三有"课堂的实施成效和经验，以期为中职教学改革提供参考和借鉴。同时，构建"三有"课堂新理念也为计算机应用基础课程的教学提供了新思路和新方法。

1."三有"课堂强调"有意义"的问题导向教学，即教师在传授知识的同时，注重培养学生的实际应用能力，让学生学到的知识有实际意义和应用场景；

2."有趣味"的生动教学方法，即通过生动有趣的教学方式来引导学生主动参与学习，激发学生的学习兴趣；

3."有技能"的实践能力培养，即通过课堂实践操作和项目实践，使学生掌握实际技能，提高他们在计算机领域的实际操作能力。

教师通过"三有"课堂的构建，可以有效解决中职学校计算机应用基础课程教学中存在的问题，提高学生的学习效果和实际操作能力，使得他们更好地适应社会的发展和就业需求。在未来，我们将继续深化"三有"课堂新理念，不断探索创新，为培养更多高素质计算机人才做出更大的贡献。

三、"三有课堂"的教学模式

"三有课堂"是一种针对中职教育的创新理念和方法，旨在提高课堂效率，培养高素质劳动者和技能型人才。下面从"三有课堂"的提出背景、内涵界定、教学改革实施过程以及总结与不足等方面进行了阐述。

首先，"三有课堂"的提出背景是为了深化教育领域综合改革，培养高素质劳动者和技能型人才，必须创新人才培养机制，从人才培养的主阵地——课堂入手。同时，中职学生普遍缺乏良好的学习习惯和主动学习的欲望，厌学情绪比较普遍，需要通过创新的教学方法来提高课堂效率。

其次，"三有课堂"的内涵界定是指有用、有趣、有效。"有用"

是指学习内容对学生将来的就业、创业、职业发展有用处，对学生的未来生活幸福有裨益；同时，学习方法有利于培养学生的学习能力，也有利于培养学生的沟通合作创新意识和精益求精的工匠精神。"有趣"是指学生在学习过程中态度积极，乐于学习，课堂活动参与度达90%以上。"有效"是指学生掌握了知识和技能，每个学生都有不同程度的成长进步和收获，达到学习目标，同时也提升了相应的职业素养。

在实施过程方面，如何基于"三有课堂"的教学理念和方法来实施教学改革。具体来说，就是结合岗位标准及专业特点提升课堂的"有用"性，结合学生学习特点提高课堂的"有趣"性，以及结合教学目标提高课堂的"有效"性，同时需面对教师课前工作量增加、创新性不够、学生配合度不稳定等问题。

"三有课堂"在我校试点工作中取得了成效，但也有不足。尽管存在一些问题，但"三有课堂"的教学模式在提高课堂效率、培养高素质劳动者和技能型人才方面具有重要意义。

总的来说，"三有课堂"是一种有效的中职教育教学方法，它强调有用、有趣、有效，旨在提高课堂效率，培养学生的学习兴趣和学习能力。但是，也存在一些问题需要进一步改进和完善。

第五节 计算机专业学生数据分析能力培养探究

【前 言】   在计算机专业的领域中，数据分析的重要性日益凸显。随着大数据时代的到来，数据分析已成为企业决策的重要依据。然而，当前中职计算机专业学生在数据分析能力方面仍存在一定的不足。本节内容旨在为提高学生数据分析能力提供一些思路和建议。在大数据时代的今天，计算机专业的学生需要具备较强的数据分析能力。数据分析已经成为企业决策的不可或缺的一环，而对于中职计算机专业学生来说，提升数据分析能力可以增强他们的竞争力，使他们更好地适应未来就业的需求。然而，目前中职计算机专业学生在数据分析能力方面还存在一些问题，因此，本文将从教师的角度对中职计算机专业学生数据分析能力的培养进行探讨，并提出相关的策略和实践启示。

一、数据分析在计算机领域的重要性

（一）数据分析的应用范围

在计算机领域，数据分析广泛应用于各个方面，包括但不限于用户行为分析、市场调研、业务决策、人工智能等领域。数据分析可以帮助企业更好地了解用户需求、优化产品设计、提升服务质量，是企业发展的重要支撑。

（二）数据分析能力的重要性

对于计算机专业的学生而言，数据分析能力的提升至关重要。具备良好的数据分析能力可以帮助学生更好地理解和解决实际问题，提高工作效率，增强竞争力，适应未来的职业发展需求。

二、中职计算机专业学生数据分析能力培养现状及问题

（一）学校课程设置不足

目前中职计算机专业学生的课程设置主要侧重于技术操作和理论知识，较少涉及数据分析相关内容，导致学生在数据分析能力方面存在欠缺。

（二）缺乏实际案例支撑

教学中缺乏使用真实数据案例进行数据分析的实践，学生缺乏实际操作的机会，难以掌握数据分析的实际应用技能。

（三）教师知识水平不足

部分教师在数据分析领域知识储备不够充足，缺乏实践经验，难以有效指导学生进行数据分析能力的培养。

三、中职计算机专业学生数据分析能力提升策略

（一）课程优化

在中职计算机专业的课程设置中，应适当增加数据分析相关的内容，例如数据分析基础、数据挖掘技术等，并结合实际案例进行教学，让学生在实践中掌握数据分析技能。

（二）实践支持

学校可以通过校企合作、实习实训等方式，为学生提供实际数据分析项目实践机会，让学生在真实场景中应用所学知识，提升数据分析能力。

（三）师资培训

学校应加强对计算机教师的培训，提升教师在数据分析领域的知识水平和实战经验，为学生提供更好的指导和支持。

四、提升中职计算机专业学生数据分析能力的实践启示

在教学实践中，教师应注重结合实际案例进行数据分析教学，引导学生从理论到实践，从简单到复杂，逐步提升数据分析能力。同时，

学校应提供更多的实践机会，让学生在实际项目中锻炼和应用数据分析技能，培养其解决问题的能力和实践能力。

五、结语

综上所述，数据分析能力对于计算机专业学生的重要性不言而喻。当前中职计算机专业学生在数据分析能力方面仍存在一定的不足，但通过课程优化、实践支持和师资培训等策略的实施，可以有效提升学生的数据分析能力，为其未来的职业发展打下良好的基础。

第三章　教师信息化教学能力提升研究中的困惑

第一节　职业教育如何面对教学技术与艺术的挑战

【摘　要】　以信息技术为核心的现代教育技术为教育现代化奠定了基础、创造了条件，而教育艺术是现代教育的灵魂，不能为了现代化而进行信息化教育，这样只会变成没有了教师的教学。

【关键词】　职业教育、教育技术、教育艺术、新课程、教改

一、引言

教育改革必须以教育观念的转变为先导，素质教育要求建构新型教学模式，人们开始引用现代教育技术创建新型教学模式。职业教育如何接受技术与艺术的挑战是职业学校发展必须面对的问题。

二、背景

教育技术经历了传统技术等几个发展阶段，20世纪中叶以来，教育自身发生了巨大变化，特别是与计算机的结合，使得教学在研究方式和应用范畴等方面得到空前的拓展。信息技术在教育中的应用，使其自然成为一种现代的教育技术。教育艺术也是基于教育事业的一种综合艺术。而职业教育更是需要技术与艺术的结合。

三、各自发展

（一）教育技术

现代教育技术是以现代教育理论、学习理论为指导，以计算机为核心的信息技术在教育教学领域中的应用，是当前教育教学改革的制高点和突破口。正确地运用现代教育技术为教学服务，应把现代教育技术作为工具，在新的教学中，教学的空间将借助于多媒体工具和平台，教学可以从视、听、触、感等多个维度展开。不仅教师的授课、指导、辅助要通过各类媒体进行，而且学生的学习和业余也要变得借助于各类媒体来实现。素质教育重视能力，不再片面强调对知识的记忆，在这种基于"学"的环境系统中，必然要选择与应用大量的教与学的资源，而现代教育技术能够提供多样化的学习资源。

我国教育技术专家也提出了一种以教师为主导、以学生为主体的"双主"教学模式。这种教学模式是"以教为中心"和"以学为中心"的糅合和优势互补，它将老师由传统的中心地位转变为引导者身份，学生在教师的指导下进行自主学习。

（二）教育艺术

教育是一门科学，也是一门艺术，对于教育工作者而言，更是一门表演性质特别突出的艺术。教育和教学活动是教师和学生的双边共同活动。教师的活动表现为对学生的一种示范、感染和熏陶作用。因此对于一名教师而言，光是具有学科的专业知识、懂得教育的原理和方法还是不够的，还必须依靠教师本身的示范动作以及教师的教育艺术的运用表现到教学过程中。教师职业活动作为一种表演艺术，集中通过两方面反映出来：一是教师的表演技巧，包括教师以自己的语言、声调、动作、姿态、形象、心灵去影响和感染学生、同化同学。二是指教师在面对不同对象和不同的场景所作的临场发挥的技巧，包括对突发事件作出迅速反应，妥善地进行应变处理的能力。

四、相关的调查问卷

合肥建设学校自 20 世纪 80 年代成为职业学校以来，其间也经历普高、职高共存的局面，并于 2006 年整合成为合肥工业学校。分析"合肥工业学校现有的信息技术教学环境建议"调查表可发现：合肥工业学校的信息技术教学硬件环境包括多媒体综合教室、网络教室、校园网、电子阅览室等硬件设施，信息技术教学软件环境虽具备，但没有建立起信息技术教学资源库。调查中发现，学校在使用电子教材方面情况较差，对校本教材的编写也只是个别学科，尤其是合作开发的教材很缺乏。

在对"合肥工业学校现有专职教师的相关调查"中发现，80％以上的教师认为在实际教学中使用多媒体教学，但网上教学课程以及 E - mail 和 BBS 等形式的教学方式很少，甚至有 11％的教师认为从来没有使用过现代化的教学技术，而仅有 5％左右的教师认为在这方面自己使用的情况比较多。在调查问卷中，几乎所有的教师都认为多媒体教学不是越多越好，尤其是多媒体使用不够熟练时更要谨慎，同时也要根据学生的学习以及内容的需要进行取舍。

关于"教学艺术"对教学的影响系列的问题，绝大多数教师认为教学艺术是教学、教育过程中的关键。

五、两者之间的关系

虽然在课堂教学中应用多媒体是课堂电化教学的重要标志之一，但应用要合理，否则难以发挥它的最大功效，因此，应从以下三方面做起：

（一）适时适度策略

此处的"时"是指何时呈示（媒体）、何时演播、何时应用；"度"一般是指"多少"，即使用"媒体"的"量"。而所谓适时适度，就是根据教学的需要选择一定量的多媒体，在教学过程中的适宜时候进行应用。

（二）知"能"善用策略

知"能"是指熟悉多媒体的功能性，善用就是善于发挥多媒体的功能特性用于教学过程，善于根据学科教材的特点和学生的实际情况合理应用多媒体。知"能"是前提，只有熟练掌握多媒体的功能特性，才能做到在教学过程中善于应用。

（三）功能互补策略

随着多媒体教学的不断深入，很多所谓的公开课、示范课、说课、评课都被套上非用多媒体不可的枷锁，但是这些教学媒体以及所表现出来的功能特性，应是相互补充的关系。只有通过功能互补、优化组合，多媒体在教学过程的表现力和重现力才会得到充分的发挥。

六、职业教育教学方式的改变

随着学校办学性质的转变，教师在教学方式上也要不断适应，通过对职业课程的摸索，尝试采用分层教学方式，已经收到了良好的教学效果。其中的分层教学是对职业教育教学方式的最好诠释。

（一）教学分层

在教学过程中，充分发挥教师的主导作用，将教学技术和教学艺术相结合，大大提高了教学效果，向 45 分钟要质量成了教学的基本要求。

（二）任务分层

学生是否完成教学目标，作业是一个重要的反映指标。因此"任务分层"与"目标分层"具有相当的一致性。教学目标有弹性，任务也可确定有弹性。教师通过这种任务驱动形式，在教学中逐渐形成一种"人人都是天才"的赏识教育模式。

（三）评价分层

评价是为了促进教学，并进一步促进学生的发展。布卢姆的掌握学习教学理论特别重视反馈—矫正策略。在实际的教学评价中，也应将原来以一张试卷或统一的操作来评价学生的方式，改为目标参照的形成性评价。平时表现、课堂提问、任务练习也分层次进行，采用不同难度的题目进行测评，及时了解学生达到教学目标的程度，通过信息反馈及时矫正和调节教学过程，以便组织更适合学生的教学。

七、展望教改

目前，各地对职业教育改革的呼声越叫越响，就我国现状来看，上海地区课堂电化教学发展极不平衡，上海地区的课堂电化教学在"技术"化的问题上已经做了不少工作，积累了不少经验，对媒体的应用已开始走出单纯的媒体观，把媒体当成整个教学过程的一个因素；对课的设计及评价已开始改变过去的"纯电教"的做法，因此可以看出课堂电化教学将来能实现教育技术与教育艺术相结合的局面。

无论哪个时代、哪门学科，都没有固定不变的一种模式可以供教学去套用，教学改革也是经历了单纯性的艺术化和技术化阶段。目前大家越来越明白：教育技术已不能独步教育天下，如果没有教育艺术作为它的灵魂，一切都会显得死板、机械、走形式；而光有教育艺术相随的教学，如果没有技术的支持，也就是传统意义上的教学，少了创新和互动，效率将会大减。

第二节   翻转课堂在中职学校教学中的反思

一、翻转课堂概况

20 世纪中期，对于由德国双元制引出的翻转课堂已经在国内如火如荼地进行，但是对于中职学校的课堂，如何将翻转课堂引入并开花结果需要寻找到更合适的途径。伴随着全国信息化教学大赛的不断推进，越来越多的教师发现，职业院校的翻转课堂留下更多思考的是混合式课堂的应用。

在多次听取职业类院校计算机公开课教学之后，很多教师在如何提高课堂效率，切实培养学生的技能水平和理论水平等方面学到了不少经验，从早些年德国双元制翻转课堂提出以来，大家纷纷效仿，在自己的教学中或多或少地进行翻转。尽管有一些不适应，却没有找到问题所在，因此未能将翻转课堂进行到底。

二、信息化教学优势

回顾之前的教学模式，虽然明确信息化教学的构成要素，信息化教学主要由内容、活动、情境和结果四大要素构成。要素好像和传统教学法相似，但是信息化教学与传统的教学有着自己特有的优势，尤其是在职业学校的专业课上体现得更明显，具体表现为：

（一）教学内容以工作任务为依托

信息化教学是围绕教学任务或单元，设计出一个个学习环境及其活动，一个个项目、技术及其方法，它的一个重要价值在于消除了传统的学科教学所造成的诸多弊端。在职业教育的信息化教学中，组织教学内容通常以教学项目的方式对教学内容进行整合，而教学项目往往是从典型的职业工作任务中开发出来的，教学内容突破了传统的学科界限，是以项目为核心，按照工作过程逻辑建构教学内容。

（二）教学活动以学生为主

从实践中看，信息化教学中采用较多的是工作小组的学习方式，这不仅有益于学生特长的发挥，而且有助于每个学生的责任感和协作精神的形成，使他们体验到个人与集体共同成长的快乐。同时，信息化教学改变了以往学生被动接受的学习方式，创造条件让学生能积极主动地去探索和尝试。在信息化教学中，从信息的收集、计划的制订、方案的选择、目标的实施、信息的反馈到成果的评价，学生都参与整个过程的每个环节，成为活动中的主人。这样，学生既了解总体，又清楚每一具体环节的细节。

（三）学习成果以多样化为特征

信息化教学创造了使学生充分发挥潜能的宽松环境，其学习成果主要不是知识的积累，而是职业能力的提高。职业能力是一种综合能力，它的形成不仅仅是靠教师的教，而更重要的是在职业实践中形成。这就需要为学生创设真实的职业情景，通过以工作任务为依托的信息化教学，学生能够置身于真实的或模拟的工作世界中。在信息化教学中追求的不是学习成果的唯一正确性，因为评价解决问题方案的标准并不是"对"或"错"，而是"好"或"更好"。在信息化教学中，每个学生都会根据自身的经验，给出不同的完成任务的方案与策略，因此，学习的成果不是唯一的，而是多样化的。

三、翻转课堂的尝试

在以前的教学中没有掌握实施翻转课堂应该具备的条件，因此在教学环节的把握和控制上显得有点乱，翻转课堂是师生通过共同实施一个完整的"项目"工作而进行的教学活动。在职业学校计算机日常教学中，项目应该是针对某个教学内容而设计的能由学生独立完成的、可以收到良好教学效果的小任务。

（一）翻转课堂的实施条件

（1）该项目过程可以用于学习一定的教学内容；

（2）能将教学内容的理论与实践结合在一起；

（3）该项目能够激发学生的学习兴趣；

（4）项目完成过程比教师讲解实例要难些，尽量结合其他学科，有一定的综合性；

（5）学生能独立地在短时间内完成，遇到困难能在教师有限的指导下自己克服；

（6）有明确的评分标准，可以对完成的作品进行评价；

（7）学习结束后，师生共同总结学习方法。

（二）翻转课堂中需注意的问题

1. 注重每个人参与创造性的实践过程

在信息化教学中，学习过程成为每个人参与的创造性实践活动。它注重的不是最终的结果，而是完成项目的过程。同时，对于公开课，在项目的具体实践中也要注意选择实用优秀的项目，例如是关于表格处理软件 Excel 的内部函数应用的课程，其中包括 Sum（求和函数）、Average（求平均值函数）以及数学公式等。根据以上教学内容，设计了"对学校 2009 年运动会各项成绩汇总"的项目，该项目有以下优点：

（1）学习该内容正值学校运动会结束，学生们很想知道本班的分数和排名，对该项目有极大的参与热情。

（2）"成绩总表"的设计用到了教学内容的全部函数。

（3）在制作过程中，要用到已学过的排序、设置条件格式等操作，刚好巩固复习了旧知识。

（4）该项目要求学生把零散的知识应用于一个实际的项目中，有利于提高学生的综合能力。

（5）能解决现实生活中的实际问题，学生可以进一步了解 Excel 的实用价值，从而提高学生对本软件学习的兴趣。

（6）有准确一致的答案，易于评价。

2. 项目需要在教学设计中不断修改打磨

（1）项目要包含全部教学内容并尽可能自然、有机地结合多项知识点。

（2）项目的难易度要根据学生的实际水平来确定。

（3）项目要被大多数学生喜爱，并可以用某一标准（正确答案、美感等）公平准确地给予评价。

当然，不是每个项目都能面面俱到，教师要根据具体的培养方向（掌握新知识、新技能还是培养其他能力或是复习以往知识）来确立最合适的项目。同时要注意项目实施前的引导要精练清晰，学生在独立完成项目前，教师要进行适当的引导。引导主要包括对新知识的讲解和对项目具体实施的解释。

3．教师对项目实施过程中的注意事项

（1）新知识的讲解要抓重点，避重复。传统教学法中，新知识的讲解被视为关键的部分：教师精讲教学内容后，又要把易错易混淆的知识强调多遍，还要把自己的实践经验传授给学生。而翻转课堂的初衷是让学生在独立完成项目的过程中发现知识、解决问题、提高技能，所以，易错易混淆的知识应该是学生自己在实践中发现的，不是教师给予的；实践经验也应该是学生自己摸索总结出来的，也不是教师灌输的。因此，翻转课堂的讲解应该只包括对重点教学内容的讲解，其过程应该精练，最好是通过简单的例子，用实操的方法进行，这样，学生才更容易理解、接受，也为学生独立完成项目打下了良好的基础。如上例中教师只应精讲一种函数（如 Sum 函数）的应用，其他函数均应该由学生在项目实施中自己学习。

（2）项目实施的步骤，教师要解释清楚，相关资料要及时给出。教师除了要告诉学生即将完成的项目是什么，还应该适当地提醒学生先做什么、后做什么。这样，既可避免接受能力较弱的学生面对项目时束手无策，又能避免学生走不必要的弯路。上例中教师应该提示学生先算总分，再排名，再做其他。如此，学生就能够掌握操作要点推进项目的完成。另外，"统计班级成绩"项目的主要目的是让学生学习Excel中的常用函数，录入原始成绩不是本次教学的内容，教师应该把原始成绩表作为资料提供给学生。

（3）项目活动团体的确立要根据具体情况妥善安排。项目是由学生独立完成，还是分组合作来完成，要根据项目的具体特点来确立。笔者通过多次的教学实践得出：对于单纯针对某一新知识的项目，以学生独立完成较合适；而对于涉及知识面较广、难度较大的项目，则要分组合作完成，因为学生们各有所长，知识的互补性可以帮助他们解决更多的问题。当然，独立完成项目和分组合作完成项目在培养学生能力上各有优点。笔者建议，项目的确立应注重考虑学生的培养方向，以便灵活多变地确立活动团体，更全面地提高学生能力。同时要注意项目活动中教师的指导要恰到好处，学生在完成项目的过程中遇到困难，教师应及时给予指导。针对不同层次的学生，教师指导的深度要有所不同。翻转课堂的根本宗旨是让学生自己发现知识、提高技能，因此，教师一定要把握好指导的尺度。上例中，在进行排名时，一名学生用"排序"法把学生总分由高到低排好了，但名次代号的输入，他认为1、2、3……30顺序手工输入很麻烦，可更好的办法又没有想到，于是向老师请教。笔者了解到这名学生接受能力较强，便用"类比法"进行提示：1月到12月你用什么方法输入，这里就用什么方法输入。正如所料，该学生一点即通，轻松解决了难题。笔者在实践中得出：非正面、非全面的提示性指导不但使学生记忆深刻，还能锻炼学生的发散思维，培养其创新能力。

（4）项目总结必不可少。项目完成过程是学生自己探索钻研的过程，为了能学众人之长，项目完成后的总结也相当重要。它应包括思路总结和技巧总结。思路总结可以帮助学生明晰项目完成的最佳思考方法，找到自己理论上的不足。技巧总结中，"一题多解"是应该极力推荐的，每一种方法不管难易都应该展示给学生，再由教师与学生共同评价各种方法的优缺点及适用范围，这样，学生可以学到更多的操作技巧，全面吸收整个项目活动的精髓。

四、总结

实践证明，翻转课堂在中职学校并不是很适用，目前中职学校课堂利用信息化手段采用更多的是混合式教学模式，即课前微课推送、课中教学实践、课后巩固练习。在这种模式下对教师的信息化驾驭能力提出了更多更高的要求，除了有信息化教学能力，还要有教学设计能力以及课堂技能施展能力，同时也要有在课下利用信息化手段辅助教学的能力。

第三节 信息化应用在中职学校教改中的影响

以信息技术为核心的现代教育技术为教育现代化奠定了基础、创造了条件，而教育艺术是现代教育的灵魂，不能为了现代化而进行信息化教育，这样只会变成没有了教师的教学。

一、信息化应用对中职学校的影响

对于中职学校，信息化应用越来越发挥重要作用。教育技术经历了传统技术、视听媒体技术和信息化技术等阶段。20 世纪中期以来，教育自身发生了巨大变化，特别是与计算机的结合，使得教学在研究方式和应用范畴等方面得到空前的拓展。信息技术越来越在教学的形式及内容上有所体现，而教育艺术也突破传统，与信息技术更好地融合，成为一种综合艺术。职业教育更是需要技术与艺术的结合。

早些年，教师提及教育技术，大家就会联想到使用计算机、使用多媒体而已，可是教学技术的真正内涵还是不被大家应用到实际教学中。于是，教师的授课、指导、辅助都是各种媒体的堆砌，少有有机地融合，而且学生的学习和业余也要变得借助于各类媒体来实现。随着素质教育的发展，教育技术再一次向传统教育艺术提出挑战。

对于合肥工业学校，一个整合刚刚几年的中等职业学校，在教育教研上有许多需要探索的地方，其中就包括教学技术与教学艺术的有机融合探究。都说职业学校的教研要比普高重要，除了迎合市场每年申报开设的新专业，还有就是市场日益变化所带来的教学改革。教学改革离不开教学技术与教学艺术。教师总是认为，教学改革将老师由传统的中心地位转变为引导者角色，在教学改革的大潮中如何转化角色依然有很长的路要走。

二、信息化应用对教师个人的影响

对于一名教师而言，光是具有学科的专业知识，懂得教育的原理和方法还是不够的，还必须依靠教师本身的示范作用把教师对教育艺术的运用表现到教学过程中。在对合肥工业学校进行的"信息化教学技术的应用"调查问卷中反映，合肥工业学校超过三分之二的教师在信息化教学手段上有欠缺，甚至还有近一半的老教师对信息化教学有点力不从心。

虽然合肥工业学校的信息技术教学硬件环境已经在合肥市乃至安徽省都名列前茅，但是软件建设方面，教师的信息化应用能力提升却没有达到理想状态。据 2017 年安徽省中小学教师信息技术应用能力发展测评结果反馈，合肥工业学校共有 290 位教师参加测评，有 54 位教师没有通过测评，占总人数的 18.6％，其中还包括一些中青年教师，情况不容乐观。

三、信息化应用对职业教育改革产生的影响

十年前各地对职业教育改革的呼声越叫越响。就我国现状来看，上海地区课堂电化教学发展极不平衡。上海地区的课堂电化教学在"技术"化的问题上已经做了不少工作，积累了不少经验，对媒体的应用已开始走出单纯的媒体观，把媒体当成整个教学过程的一个因素；对教学设计及评价已开始改变过去的"纯电教"的做法，因此，可以看出我国的课堂电化教学逐渐形成教育技术与教育艺术相结合的局面。

目前，江浙沿海一带的职业教育在信息化教学上势头猛进，这既是大环境的影响带动，更是江浙沿海一带校企合作模式的需求。相对于内陆地区这种优势就不是很明显，因此在产教融合方面做得很好的地区无形之中使教学改革的模式发生改变。

（一）教学方式的影响

关于混合式教学，其实是更适合职业学校的教学模式，而一味强调的信息化教学在经过了实践检验后，职业学校的教师不难发现：这种单纯追求信息化的教学模式其实是得不偿失的，甚至是阻碍教学改革的。因此职业学校的教学改革不仅是教学质量提升的落脚点，也是结合教学技术与教学艺术的混合式教学。

混合式教学来源于混合式学习方式，这是何克抗教授所倡导的学习方式，这与传统的教师主导、学生被动学习的方式相比，有了很大

的改变，学生在学习过程中更多的是体验式学习，调动了学生主动学习的兴趣，从而达到了创造性的学习体验。而教师由主角位置转换到辅助位置，看似轻松了，其实对教师的要求更高了，尤其是混合式教学，教师课前准备的工作量很大，对教师利用教学技术手段也是一个考验，还增加了课后评价反馈环节的设置，所以教师不仅工作量增加，还在技术上要求越来越高。这也是现在很多年纪大的教师不愿进行教学改革的主要因素，因而他们仍在使用传统教学方式应付，教学改革的任务更多的是落在年轻人肩上。但是年轻教师的教学经验和教学艺术还在不断积累过程中，也是需要一定的时间进行打磨才能驾驭，因此信息化在学校的应用虽被提到日程上，却难以全面铺开。

（二）教师培训的影响

与教学相辅相成的还有教师的培训，现在教师有信息化能力提升的要求，众多培训也在信息化上有所侧重，甚至安徽省教育主管部门还在远程培训的基础上增加了信息化技术应用能力测试，这一方面是为了掌握全省的中小学教师信息化能力情况，另一方面也是对目前的水平等级如何进一步提升起到指导作用。目前的各种培训中也有一半左右与信息化教学方面联系紧密，从"人人通培训"到"信息化能力提升培训"等无不反映出教学改革势在必行。

（三）教学比赛的影响

对教学水平进行检验的手段就是比赛，全国信息化教学大赛自2008年举办以来，虽然每年都有所调整，但是这股信息化教学革命的风却从未停止。不论是普高还是职业学校，没有一门学科是固定不变的模式，教学改革也是不断更新，在当前的信息化应用由普及向提升转变的情况下，越来越多的学校都在提升教学质量，而教学质量的提升在很大程度上是依赖于教学改革的推行。

大家越来越明白：教育技术已不能独步教育天下，没有教育艺术作为它的灵魂，一切都会显得死板、机械、走形式；而光有教育艺术相随的教学，没有技术的支持，也是传统意义上的教学，少了创新、互动，效率将会大减。

第四节　"互联网＋"视域下在校学生创新创业体系初探

一、背景

随着科技的不断发展，互联网被应用到生活中的方方面面，在"互联网＋"视域下，在校学生进行创新创业成为社会普遍关注的话题，随着中职学校毕业生人数的逐渐增多，中职学校毕业生的就业压力也变得越来越大，因此加强中职在校学生创业理念的培养十分重要，但是在学生创业的过程中仍然会遇到一些问题，这是迫切需要解决的内容。

在国家政策的支持下，新的商业模式呈现出蓬勃发展的趋势，这在一定程度上刺激了生产力以及创造力的发展，也推动了国家经济的迅速发展。但是在发展的过程中，我国的一些创业机制和体系急需得到完善，因为创业机制的完善是影响创新创业体系发展的重要原因。

二、我国中职学校学生创新创业体系发展的意义

政府工作报告曾经对"互联网＋"的内容做出了明确的规划。"互

联网＋"主要是在相关政策的指导下，通过运用大数据、移动技术以及云计算等方式，促进物流行业、旅游行业、医疗行业、餐饮行业和交通行业等传统行业的发展，进而实现资源的有效融合和配置。学生是国家未来建设的主力军，在校园中加强对中职学校学生创新创业的鼓励，可以减轻当前社会中出现的就业压力问题，使中职毕业生的就业率得到明显的提高，同时也可以促进我国经济的发展，以及经济结构的转型。在信息技术快速发展的影响下，"互联网＋"已经成为中职学生创业的重要条件，"互联网＋"模式的实施，可以实现传统行业和互联网行业的有效融合，并且在此基础上，创造出更多的工作岗位，采取这种方式可以解决中职学生在创业的过程中遇到的时间、地点受限等问题，让中职学生可以在创业的过程中趋利避害，将在"互联网＋"视域下的创新创业优势充分发挥出来。

三、"互联网＋"视域下中职在校学生创新创业发展策略

（一）中职学校应该对学生加强创新创业教育培训

学校是学生和互联网创新创业的有效联结，在实际的教学中需要做好对学生在相关内容方面的培训工作。"互联网＋"的实施符合社会发展和学生的具体需要，所以学校在发展的过程中应该以实际需要为导向，结合当前的教育理念，形成相对完善的创新创业培训体系。

（二）中职学校应该对传统的模式进行改革

加强和企业以及社会之间的合作，了解企业和社会的具体需要，并且在此基础之上，对学生进行有针对性的培训，充分挖掘学生的潜力。在实施的过程中可以从以下几个方面着手：①重视"互联网＋"方面的相关师资力量建设，打造一支专业性较强的教师队伍，为学生

进行创新创业提供重要的技术支持。②加强对中职学生的引导，引导时可以将"互联网＋"的成功运行案例系统对学生讲授，除了为学生展示成果之外，也需要为学生分析具体的实践过程，使学生在学习的过程中收获一定的经验。③邀请成功人士比如毕业生中的成功人士，在校内开设讲座，让学生在成功人士的影响下受到一定的启发，为自身的创新创业提供有利指导。④提高对实践的重视程度，学校可以在校内建立相关的创业基地，并且定期举办一些竞赛，让学生积极参与其中，推动中职学生创业群体的有效发展。

（三）政府应该进行有效推动

为了使中职学生创新创业模式取得更好发展，相关的政府部门应该给予一定的支持，在实施过程中，政府需要充分发挥自身的主导作用，从多个方面促进"互联网＋"视域下中职在校学生创新创业的发展，为学生积极营造一个相对良好的创业环境。

（1）从制度上来讲，政府应该对相关的创新创业制度不断地进行完善，从而建立一套相对科学、系统的机制，通过相关政策的制定，不仅可以对中职学生有一定的约束作用，也可以为创新、创业体系的实施提供有效保障。在制定政策的同时，也需要对不合理的制度进行一系列的调整。

（2）从基础设施建设方面来讲，政府应该积极为学生构建信息技术交流的平台，确保信息的有效传递和资源的共享，从而有效推动在"互联网＋"视域下中职学生创新创业体系的发展。（3）还可以设立和"互联网＋"有关的部门，从而实现对学生的有效管理，对于在创业过程中遇到困难的学生给予政策上的支持或者是财政上的鼓励。

总之，政府部门应该充分发挥自身的作用，进一步推进学生创新创业的整体进程。

(四)积极开展创新创业竞赛

在"互联网＋"视域的影响下，为了促进中职学生创新创业模式更好地开展，可以积极开展相关竞赛。在竞赛之前，首先需要确定竞赛的评委，竞赛评委应该由综合素质较高的教师担任，在对学生进行指导的基础上，鼓励学生亲自实践，将互联网作为展示自己才能的平台。要为学生提供足够的创新创业的时间、空间，使学生的创新意识以及实际动手操作能力可以在互联网这一平台上得到充分发挥。合肥工业学校整合的几年中在技能大赛上投入很大，学生除了需要积极参与学校开展的竞赛之外，还积极参与省里以及国家开展的相关竞赛，在竞赛的过程中可以实现自身思维的拓展，也可以和优秀人才进行交流，在交流中吸收他人的优点，克服自身的不足。当学生在实践中取得一定的成果时，学校应该给予大力宣传，让校园中形成浓厚的创业氛围，从而激发学生的参与热情。学生也可以针对自身的设计内容进行不断完善，促使企业可以积极地对自己进行投资。

(五)组建一支优秀的创新创业团队

在"互联网＋"视域的影响下，学生的创业热情会空前高涨。因此，中职学校在发展的过程中应该积极组建一支优秀的创新创业团队，团队的成员不仅需要有自己的想法，也需要有一定的能力。在团队成立之后，成员之间可以进行热烈的探讨和交流，在探讨的过程中团队成员打破了自身思维的限制，使自身的创业意识和创业理念更明确。除此之外，成员和成员之间还可以模拟创业形式，进行公开演讲；在演讲之后，团队成员对之前的演讲内容进行集体测评，并且指出演讲内容中存在的不足之处。通过这种方式打磨，学生可以及时发现自身在思想构建过程中出现的问题，寻找相应的解决策略。同时在创业实施的过程中，团队成员之间还需要有明确的分工，并且针对不同项目类型进行系统分类，以方便政策的实施、团队的管理，让团队成员可以养成良好的合作理念以及互帮互助意识，使得"互联网＋"视域下中职在校学生创新创业具有更好的发展前景。

总之，中职学校是输出人才的主要场所，应为人才的培养创造良好条件，在"互联网＋"视域下对中职在校学生创新创业意识和实践能力培养的过程中，应该注意自身教学模式的转变，推进改革的有效实施，努力提升学生的综合素养。同时，政府部门也应该做出努力，在制度、政策以及财政上给予一定的支持，在学校和政府的推动下，实现对创新型人才的有效培养，从而促进我国经济的不断发展和国力的不断增强。

第四章 教师信息化教学能力提升研究中的途径

第一节 中职学校专业课提质培优之课程思政的融入

长期以来，德育一直是学校教育工作的重点。课程思政是进行德育的载体，在中职学校专业课中融入思政课程是教师德育工作的重点，也是教师响应国家提质培优行动计划的措施。

中职学生是我国学生群体的重要组成部分，其文化基础相对薄弱、自律性相对不强等特点无形中加大了学校思政工作的难度。改变这种情况需要全体任课教师长期的努力，将思想道德教育贯穿到学生学习的每一个阶段。另外，作为专业教师，如何根据中职学生课程设置的特点，提升教师在专业课中的思政渗透能力已成为一个亟待解决的问题。下面笔者结合多年在计算机专业任教的实践经验，谈一下对这一问题的看法。

一、计算机专业中思政教育渗透的重要性

合肥工业学校 2020 年 11 月开始建立思政中心教研组，将全校范围的思政教师作为一个整体统一管理。其中思政中心教研组有 7 位核心成员，在学校党委的领导下对全校的思政教学有计划、有步骤地推进。以往学校学生的教育，从某种程度上来说并不能实现"三全育人"。要改善这种状况需要全体教师通力合作。因此，要将专业课渗透思政教育作为学校思政工作的重要载体。对于中职类学校来说，专业教育和思政教育缺一不可。将二者相结合也是思政中心教研组的任务之一。合肥工业学校要求思政中心教研组能够在每学期组织一至两次活动，对其他课程教师进行指导或开设讲座，目的就是引入思政教育。

提升中职学校思政教育的实效性，就应该充分发挥思政教师课堂育人的作用。对照教育部关于将社会主义核心价值观融入教书育人的过程的有关要求，合肥工业学校在思政教师集体备课的基础上，倡导教师要能够将每次备课的教学设计及教学课件在交流反馈的基础上进行修改，最终成为思政课程的教学资源及参考资料。

在近几年的教学能力大赛中，思政课程教育作为评判的标准被引入，不论什么学科（专业）的教学，都应在教学设计中渗透思政教育。以赛促教的同时，也在发出一个信号：教师教学要结合德育，不能简单地就教学而教学，更不能唯分数、唯升学率地教。

二、当前思政教学存在的问题

2020 年 9 月，教育部等九部门联合出台的《职业教育提质培优行动计划（2020—2023 年)》，其不光对思政课程也对课程思政提出了要求，两者有着紧密的联系，同时也存在一定的制约关系。"思政课程"

在中职教育中不同于班主任的班会课，也不同于文化课，它的特殊性决定了"课程思政"的理论基础，同时思政教学也在很大程度上弥补了德育的不足，作为一门课程，让学生能够系统地学习更多的关于道德方面、法律方面的知识也是思政课的任务。然而，中职学校的思政教育工作仍然存在不少问题。

（一）非班主任教师对学生思政工作不够重视

在中等职业学校，许多专业课教师认为思政工作是班主任或者思政教师的工作，在专业课教学过程中普遍重视知识技能的培养，忽视了对学生情感价值观的教育，尤其是技能大赛等各种比赛的设置让专业课教师看重技能知识的讲授，但在自己的教学过程中很少有意识地渗透德育。因此，提升教师思政意识至关重要。对于中职教师，如果不从意识上对思政工作进行重视，就无法从教育行为上做到改善，也就无法帮助学生提升综合素质。

（二）专业课教师缺乏相应的思政教学艺术

教学不仅是教学技术的应用，也是教学艺术的渗透，现在各种教学比赛更关注教师教学过程中进行思政渗透的教学艺术。思政工作的好坏很大程度上依赖于专业课教师的思政教学水平的高低。然而，当前很多中职学校的专业课教师缺乏思政教学艺术，教学质量有待提升。

（三）学校思政活动开展形式单一

教师都清楚，思政工作如果形式单一就容易导致学生失去学习的兴趣。如何在理论学习之外，探索出更多符合校情、学部特色的思政活动是教师目前需要思考的。合肥工业学校近几年坚持利用晚自习集中观看爱国主义的教育纪录片，根据上级要求阶段性地组织思政主题活动，可这种传统的、被动的思政活动效果也是有限的。因此要做到全方位的教育，活动形式的策划、活动范围的设置、活动频率的要求等都要经过调研，形成切实可行的方案。

（四）忽视课程思政的设计

在世界技能大赛和全国技能大赛以及企业、行业的技能比赛等影响下，专业课教师的教学重点集中在学生动手能力培养上，而忽视了学生课程思政的设计及渗透。另外，学校对这方面也没有一个具体的评价或监督机制，只是在近几年的教学能力大赛上对课程思政提出了要求，参赛的教师们才开始关注课程思政。如何针对一节课设计一个好的课程思政内容，需要教师去探索。这是一个系统的工程，甚至需要学校发动教研组去完成。

三、专业课中的思政教育渗透策略

对于中职学校而言，学生还处在未成年的阶段，落实课程思政显得尤为迫切和必要，因此在课程思政的贯彻过程中难免会出现各种困难。尤其是在理科的教学过程中渗透思政更是一种挑战，但是对于中职学校而言，专业课、实操课又是课程中的重点，因此课程思政在专业课程中的落实就更加需要教师做文章。

思政教育如此重要，那么该如何引导职业学校的专业教师结合专业特点发掘和利用思政因素？如何艺术性地将思政内容渗透到专业课教学中去？笔者结合近几年的教研实践谈几点体会。

（一）在专业课教学中寻找思政教育切入点

有很多教师认为，目前的专业课教材中关于思政内容很少，以计算机教师为例，从内容到形式都没有思政要素。但教师很清楚很多德育教育均能与知识结合。例如计算机应用基础这门课程，在学习"网页制作"时，制作网页的知识点是固定的，但是网页的内容却是教师融入思政教育的最好阵地。教师可以让学生搜索有关社会主义核心价值观、传统美德素材制作网页，在搜索素材的过程中也是潜移默化地进行思政教育的过程。另外，在学习关于PPT的章节内容时，可以结合时事政治、爱国主义的相关主题进行教学设计，也可以基于社会热门话题进行思政渗透，比如苹果手机和华为手机，教师向同学们介绍国产手机的发展速度，使其明白关键技术研发必须要靠自己，从而激励学生努力学习，增强民族自信心。

（二）充分利用专业实训教学贯彻思政教育

实训教学是中职专业课的实操教学，也是学生掌握和运用知识的重要途径和手段，同时也是对学生进行职业意识、敬业精神和责任感培养的重要途径。职业学校一直要求理论课与实训课的课时比不高于1：1，就是强调实训教学的重要性，因此实训课的质量也是衡量学校育人质量的关键。对于专业课教师而言，需要不断强化对学生思想道德、职业道德的培养，从而达到锻炼学生意志、让学生潜移默化地掌握进入社会的实践技能的目的。

例如教师平时的实训教学，可以以项目小组的形式来完成，与实训有关的实操任务进行划分，比如实训工具的准备、收拾、归位等可以让每个学生参与，实训工位的分配、打扫等可以下发给项目组长，实训室的空调、风扇、门窗、投影等开启、关闭也可以让课代表负责。这样，一方面锻炼了学生的主动性、服务性，另一方面也增强了学生的责任意识和团队协作意识。这就是教师所说的宽泛的思政教育。

（三）借助技能大赛培育学生综合素质

不论是世界技能大赛还是全国技能大赛，对学生个人乃至团队来说都有促进作用。目前中职学校对技能大赛越来越重视，从赛前的培训指导到比赛的现场竞争，都是学生心理素质锻炼的最好平台。教师不仅需要对学生的技能进行培养，更需要专业课教师因材施教，渗透德育，以此提升学生的综合素质，让1＋1＋1＞3的效能发挥到极致。

在2019年智能家居的国赛中，合肥工业学校代表队一行三名同学参赛。在平时的训练中，教师非常重视培养他们的合作意识，多次提醒他们虽然是各负其责，但是作为一个团队，更多地需要从技术上和心理上能够彼此互助，除了独当一面，更要在队友突发情况时挺身而出。国赛中一名队友因水土不服导致比赛现场出现身体不适，但是团队中的其他两名队友充分发挥了个人综合素质，成功地获得二等奖，这也是合肥工业学校首次在此项目上取得好成绩。

（四）利用定岗实习和企业参观培养学生进入社会的能力

中职学校不论哪个专业都要面临社会就业，三年制中专的最后一学期是顶岗实习。合肥工业学校招生就业办公室在学生顶岗实习的阶段，与用人单位或合作企业充分沟通，提出教师对学生基本素质和能力提升的要求。学生参加顶岗实习阶段，其实是学生进入社会的最关键阶段，不论是学校招生就业办还是班主任都应该做好这方面的教育工作，让学生具备进入社会的能力。

现代企业都有完善的企业管理制度，校企合作不单指就业上的合作，更是要培养和引导学生在正式进入社会前对自己所要面对的工作有所了解，包括了解企业管理和生产制度。另外，在顶岗实习时，有的同学认为麻烦，甚至自行寻找企业作为实习单位，目的就是完成顶岗实习的鉴定，这将错失了很好的锻炼机会。学校在向学生、家长宣传顶岗实习的目的、要求和意义的时候，更要与实习单位做好无缝对接，让学生将在校学习的理论知识与企业实际操作相结合，真正做到毕业即就业，使学生得到用人单位的欢迎和肯定。

另外，针对 3＋2 高职学生，教师可以以参观、沙龙、讲座等形式进行交流，让其对高职的校园文化、德育思想有所了解和吸收，从而在进入高职前就已经将高职学校的思想精髓吸收。

如果教师能主动提高自身的教育教学管理水平，将思政工作渗透到教学和实训实践中，就能够潜移默化地对学生产生影响。职业学校教师要提高认识，做好本职工作，从"心"出发，入心入脑，将立德树人始终放在学校教育教学的制高点，从而更好地实现提质培优。

第二节　让培训成为教师的加油站

随着科学的发展和新知识、新技术的不断出现，知识的更新已经成为现代教育必须面对的问题，"一次性教育"已不能适应时代发展的需要。教师是知识的传播者，更是学生能力的培养者，因此教师的再学习就显得尤为重要，面对教育改革，新时期教师培训已不再是走过场，更应该成为每个教师真正渴求知识和充电加油的中转站。

一、教师培训的背景

近年来，教育主管部门在创新培训模式、优化管理机制、积极构建开放灵活的培训格局和教师终身学习体系中，为全市教育改革与发展提供强有力的师资保障；同时，也在以着力提升教师有效学习指导能力、促进教师专业化发展为目标，真正以提高培训针对性和实效性为重点。细数笔者工作以来，大大小小的培训也经历不少，但是印象深刻的却不多，总是有种完成任务的感觉。但是 2021 年为期 11 天的市骨干教师培训改变了教师对培训的认识。

二、教师培训的感悟

在得知合肥市骨干教师暑假赴长春参加培训，让土生土长在南方的教师满怀期待，都想去领略北国的风光，感受北方的风土人情。恰逢笔者担任毕业班班主任，随着高考的结束送走了新一届的毕业生。中职教师期待对教育工作进行反思和充电。在这个有着"森林之城"美誉的城市里培训，让教师感受到了历史文化名城的文明和积淀，更是对长春有序的交通和宜居的生态充满羡慕向往。

在学习的过程中，笔者感悟最深的是东北师大所赋予的文化底蕴及名师风采。开班仪式由东北师大的王喜平老师主持，她也作为这期教师培训班的班主任，给人一种严谨、认真、婉约的感觉。这次培训共安排了九个专题讲座，涉及规划纲要新要求、专业发展新期望、教师自我反思实践研究、整合的有效途径、启发教学思想、课程改革下的教师发展、新课程理念下的班主任工作等方面。

在这些专家学者富有激情的演讲中，每个参加培训的老师受益匪浅：刘海民教授内敛睿智，他高屋建瓴地分析在规划纲要新要求下提出专业发展新期望；郝淑霞老师直率幽默，她结合自己的育子经验向教师展示了自己的反思实践；孙立权导师语言犀利，针砭时弊，对现实中司空见惯的教育现状提出自己的独到见解；马世力教授博学思辨，深入浅出地将教育理念用历史故事呈现说明；张向葵园长优雅智慧，让东北师大附属幼儿园从困境中不仅走出来，还走向国际；王玉娟老师亲切真诚，作为新时代班主任在班级建设与管理方面有其丰富感人的事例。在认真聆听高水平专家讲座的过程中，让参加的教师再次有了诸多新的体会，现将参加培训的感悟分享如下：

（一）敢于挑战"传统"

以前不论是笔者自己上课还是听课，总是认为学生的积极参与是衡量本节课教师上课的实效，听了孙立权老师提出的"举起了森林般的手变成举起了智慧的手"以及"教育的最高境界就是让学生心动而不是举手的行动"观点后，反思的确如此，教师的教育在很多时候已经走入一些误区。教师在课改面前采用了一刀切、让所有的课程都划出具体的模式，这样不仅扼杀了学生的想象力也扼杀了教师的激情。其实，最好的理论还是从最好的经验中提炼出来的，教师不能因为要创新就否定所有的经验成果。孙立权老师能够站在教育前沿的高度，提出"语文教学的高级追求是从生活世界走向精神世界"。教师教的目的是寻求"不教"，培养学生的精神世界就是在尊重学生人格的基础上培养出一个个具有个性的人，而不是让学生在教育的模式下都像工厂生产产品。

（二）善于发现"创新"

只有善于发现，才能有新的发现，马世力老师在谈到教育理念中关于探究性学习时举了三个形象的例子："柏林墙中抬高一寸"说的是一个纳粹士兵执行命令枪决一名罪犯，虽然他完美地执行了命令，但从人性的角度只要将枪口抬高一寸就可以宽恕一个人性。"爱因斯坦受到的劝告"说的是爱因斯坦被告知遣送回国，在其探究原因时被一个有良知的知情者告知真相的故事。第三个例子是"一个网络编辑的真实想法"，说的是一个网络编辑面对左右两部电话，通常左边电话响起一声他会接听，这是让他发布信息的电话；而右边电话响起三声后他才会接，原因是这个电话是让他删除发布的信息。他之所以这样做是让真相多一秒被公布。这三个例子从不同侧面说明同一个问题：就是面对平常的事物，教师要站在新的高度、从新的角度进行新的深度探索就会有新的发现。

（三）勇于改变"思维"

中央电视台有句广告语是"心有多大，舞台就有多大"。在知识大爆炸的 21 世纪，"心有多大，看到的天就有多大"。"知识就是力量"已经变成"能利用知识才是力量"。

北师大附属幼儿园的园长张向葵就是这么一个敢于改变习惯性"思维"的人。她提出时代是在变化的，如果一直用不变的思维去做事，那么肯定会被社会淘汰，也正是她的办学思想改变，才让北师大附属幼儿园走出困境。作为教师，一定要与时俱进，这是教师跟上时代步伐所必需的，正所谓"今天你不生活在未来，明天你就生活在过去"。从张向葵园长的座谈中更感悟到改变习惯性思维的必要性，就像总是从脖子后戴项链一样，教师感到又累又费事却还习以为常。换一种思维：对着镜子换个方向在脖子前戴就轻而易举了。在教学中，教师并不缺乏教学的方法和技巧，缺乏的是勇于改变的教学思维，将经验奉为法宝，教师一直提出要做专家型教师，而由经验型教师转化成专家型教师的催化剂就是教师的自我反思。

（四）勤于用心"做事"

作为班主任，教师都知道上至高中，下至幼儿园，其工作都是繁杂而琐碎的，但是听了王玉娟老师的讲座，看了她的博客，深深地感悟到班主任工作不仅需要脚踏实地去"做"，更要用心去做。王老师从教生涯中的班主任工作，几千个与学生相伴的日子，近百万字的教育随笔……班主任工作的烦琐由此可见一斑。但是玉娟老师是充实的，因为她一直用心地教书；玉娟老师也是快乐的，因为她一直用心地育人；玉娟老师更是幸福的，因为她一直也是用心在生活。

三、培训反思

伴随着火车车轮有节奏撞击铁轨的声音，培训教师踏上了返程的路，但是脑海中还在不断地回顾这些天来的学习、交流、考察点滴。虽然这次培训不是时间最长的，却是教师们印象最深的：难忘这支参培队伍一路走来的种种困难；难忘专家学者们的新理论、新思想；难忘东北师大严谨的教风学风；难忘同行的领导、老师的关心和帮助；一次培训也许并不能代表什么，但是如果教师能将每次培训作为教育教学的加油站，为自己不断补充能量并鞭策自己经常性参加培训，相信一定会为教育事业的整体发展起到关键作用。

第三节　中职 PS 教学的信息化有效路径

随着互联网技术的飞速发展，PS（Photoshop）已经成为信息传播和交流的核心平台。在这种背景下，PS 作为视觉传达的重要组成部分，其教学方法也需要与时俱进，以适应社会对高素质 PS 人才的需求。传统的教学模式已无法满足当前教育改革的要求，因此，我们需要从课程设置、教学方法、教学质量上全方位进行改革，以实现 PS 教育的现代化。

在互联网时代，传统的教学模式已经无法满足学生和社会对 PS 教育的需求。因此，教育改革势在必行。通过引入"互联网＋"思维，我们可以利用网络课堂、慕课、微课和翻转课堂等新型教学模式，为 PS 教育带来新的活力。这种改革不仅能够提升学生的学习兴趣和参与度，还能够培养他们解决实际问题的能力，从而更好地满足社会对 PS 人才的需求。

一、信息化教学改革的必要性

"互联网＋"是指将信息与互联网相结合的技术模式，旨在通过传统行业的创新与改革，提高生产力并延长企业的生命周期，使得互联网在资源分配等方面发挥更为强大的作用。当"互联网＋"融入教育领域后，教育内容、教学方法和评价方式都将得到改进，变得更加多元化。许多中职学校积极借助"互联网＋"进行教学实践和改革，激发学生的积极性，提升他们的专业知识和能力水平。

要着力解决 PS 人才供需矛盾。近年的就业市场调查显示，中职 PS 人才面临着供需矛盾：PS 企业需要实战型人才，但市场上却缺乏这类人才；相对地，大量 PS 毕业生却面临求职困难。这一现象的根源在于学校培养方案与市场需求之间存在严重偏差，学生缺乏实践机会，专业知识停留于理论，缺乏创新意识以及团队合作能力。解决 PS 人才供需矛盾的关键在于调整教学计划，促进学生实践能力的提升，培养适应市场需求的专业人才。

二、传统 PS 教学存在的问题分析

（一）传统的 PS 授课方式被动化，学生缺乏主动性和思考能力

教师通常采用讲授模式，将知识单向传递给学生，缺乏互动和思维训练，导致学生产生逆反心理和对课程缺乏兴趣。在 PS 课堂中，基础知识虽然重要，但真正核心的是创新能力。如果教师仅仅传授知识，而缺乏激发学生思考和创新能力的方法，学生的能力就难以得到提升。

（二）PS 授课内容单一化，缺乏思维引导和创新培养

许多教师仅通过案例展示进行教学，但这些内容往往局限于书本知识，无法满足学生的实际需求。随着互联网的快速发展，学生在学习中不再受时间和地点限制，因此，教师应当利用多样化的教学方式和丰富的信息资源，提升课程的实用性和趣味性，满足学生在互联网时代的需求。

（三）PS 课程设置滞后，未能适应社会需求

当前 PS 专业的课程设置仍停留在传统模式下，将基础教育作为核心，缺乏创新和改进。这与现代社会的需求背道而驰，导致学生的就业能力得不到提升。为了解决这一问题，课程设置应当根据市场需求进行调整，注重培养学生的实践能力和创新意识，使其能够适应社会的发展和就业需求。

三、在互联网＋背景下优化中职 PS 教学的有效途径

（一）中职 PS 教学需要进行系统性的改革，以适应市场需求并培养实用型人才

（1）根据当前市场对 PS 专业人才的需求，对人才培养方案进行调整，确保教学内容与实际工作需求相符。

（2）通过与企业合作、调研毕业生和参加座谈会等方式，我们可以深入了解 PS 岗位的具体工作内容和要求，从而设计出更符合实际需要的教学计划。具体到教学内容，应注重培养学生的图像处理、PS 技术、网页设计以及图文排版等关键技能。通过重组和改进传统课程，我们可以确保学生能够获得所需的职业技能和专业能力。

（3）将 PS 职位中的典型工作内容作为学生的实践目标，以实际职

业活动为案例，编写新的教学教材，并邀请企业和教师共同参与，确保教学内容紧贴企业需求，提高学生的就业竞争力。

（4）教师的专业知识和能力也需要提升，以更好地教授学生。通过这种以学生为中心的教材编写方式，我们不仅能够满足学生的职业发展需求，还能够促进教师专业知识的更新和成长。

（二）实施系统化实训教学，提升 PS 职业技能

在职业教育中，培养技能型和实用型人才是核心目标，强调动手能力和实际问题处理能力。因此，教学与实践的结合是关键，以实现学生从学校到社会的顺利过渡。教师需根据市场需求设计课程，采用实训教学法，确保教学内容与社会实践同步，使学生深入了解 PS 行业的实际工作状态和流程。

随着 PS 技术的发展，市场对 PS 人才的需求也在变化。因此，教师需调整课程内容，增加或减少部分内容，以适应社会需求。例如，减少平面二维设计课程，增加三维设计课程，使用电子工具提高图形处理技能。此外，利用多媒体软件和互联网资源，可以提高教学效率，减少备课时间，同时提升学生的学习体验和行业应用能力。通过这种方式，学生不仅能掌握 PS 技术，还能更好地适应市场的需求。

四、建立好校企合作平台，更好地服务于 PS 实习

在中职院校学习的学生，经常会到与学校合作的企业单位中去进行实习，教师不能够及时发现学生在实习过程中所遇到的专业性问题。这时，教师可以运用多媒体网络建立自己的班级群，学生在遇到问题时，可以及时向教师进行请教，教师也能够随时随地获得学生的实习动态。教师还可以向学生推荐一些相关的教学视频，让学生在课余时间提高自己的专业技能和理论知识。通过对互联网的运用来实现线上

和线下教学共同发展，全方位整合 PS 互联网资源，以满足学生对专业技能的需求。

随着科技的迅速进步，我国的中等职业学校正在积极探索教学模式改革，以适应市场对 Photoshop（PS）技能的需求。这种改革主要采用"互联网＋"的策略，旨在完善和更新现有的教学方法。通过这种创新，学校旨在为学生构建一个更加开放和灵活的学习环境，让学生在轻松愉悦的氛围中学习并掌握必要的技能。同时，这种教学模式还强调利用互联网资源来拓宽学生的思维方式，提升他们在 PS 领域的专业能力。

第四节　中职教师信息技术应用能力提升探究

随着全国信息化教学大赛的不断推进，与此对应的信息化类的培训也是此起彼伏。如何借着这股东风让教师信息技术应用能力得到提升是职业学校发展的软实力。作为教师，首先是知识的传播者，其次是能力的培养者，教师的再学习就显得尤为重要。面对教育改革，新时期教师培训已不再是走过场，更应该成为每个教师真正渴求和充电加油的中转站。

近年来，教育主管部门在创新培训模式，优化管理机制，积极构建开放灵活的培训格局和教师终身学习体系，为全市教育改革与发展提供强有力的师资保障；同时，也在以着力提升教师有效学习指导能力、促进教师专业化发展为目标，真正以提高培训针对性和实效性为重点。

目前，研究信息技术支持下的教师培训和教师专业能力提升研究非常多，其中五成是针对高职院校教师的研究，而两成针对中职教师群体，还有三成是幼儿园及中小学教师。可以说对于高职院校的教师信息化技术培训能力提升研究占了一大半，如此多的研究说明其有研究的必要性和紧迫性，另一方面也说明高职院校教师的信息化水平还参差不齐，有待提高。针对合肥工业学校是刚刚整合而成的中职学校，对于教师的需求量非常大，而每年招聘的教师其教学水平还有待提高，因而教师专业化发展工作尤其紧迫。而教师专业化发展建设离不开教师培训，如何能够将中职教师的教育教学水平提高，也是信息化能力提升培训的重要手段。

"英特尔未来教育"培训项目（以下简称"未来教育"）在全球二十几个国家先后启动。目前国外对信息技术培训的研究更多的是结合国外教师信息技术培训的经验和教训，认为大规模的"一刀切"的信息技术培训不会有太大的效果。有效的信息技术培训应该因地制宜，利用教师自身的创造力和学校资源，开发教师的社会资源，帮助教师在技术与教学之间建立起具体的联系，提高他们对技术使用的认识，从而促进教师在教学中合理有效地使用信息技术。

随着职业教育的快速发展，社会对中职教师的专业化要求越来越高，不仅要求教师具有理论和实训相结合的教学能力，而且要具有掌握本行业高科技发展趋势和应用前景并随时渗透到教学中去的能力。从我国目前职教师资的构成状况看，中职教师专业具有很强的可替代性，中职教师的信息化培训及提升还亟待加强。在各种培训中很多教师因为教学压力不大，对自身的能力提高没有主动性。此研究也是在职业教育大力兴起的背景下进行的，职业院校的教师专业化能力提升日益关系到职业教育的发展。合肥工业学校作为职业学校，是由原三所职业学校整合而成，由教研室负责教师培训的方方面面。在众多培训中，如何能够提高教师的专业化能力是学校教研努力的方向，也是学校对教师需求的回应。目前就合肥工业学校而言，教师之间的差距也非常大，这是任何一个学校都存在的问题。如何让教师适应新形势的发展要求，其中教师的培训是非常好的途径。因此围绕专业化能力提升选择研究就具有十分重要的理论意义和实践意义。

合肥工业学校是合肥市委、市政府按照"国家级发展改革示范校"标准，重点打造的一所现代化综合性普通中等专业学校，之前的八所合肥市属职业学校整合成两所职业学校，合肥工业学校就是其中之一。如何在教师专业能力提升上有所突破，无疑培训是一条有效途径，但长期以来，大多数培训都是走过场，被认为是评职称必要的学时要求。因此在这样的情形下关于培训与教师专业能力提高之间关系的研究显得很有必要，对一个学校乃至一个地区的教师整体能力提升起到了非常重要的引导作用。

对于教师信息化教学能力提升研究，只有对概念的准确把握才能对本课题有深刻的理解，才能在研究方向上更准确科学。首先，严格来讲，信息技术分成网络工程和信息技术应用，虽然这是计算机专业方面的概念，但是在教学中引入了信息技术，其实就是多媒体化教学的进一步体现。其次，教师培训的概念在当前的形势下也赋予了非常多的含义，教师培训不论是从形式上还是内容上都非常丰富，传统印象中的集中培训、讲座、报告等培训方式其实更多的是建立在培训者身上，被培训者就像传统意义上的学生，被动接受。现在的远程培训、去企业实践培训、专题培训等更多的是以被培训者为主导，培训者利用信息化手段让被培训者在学的同时强化实践，从而达到教师专业能力提升，因此这种培训在过程和内容上也有别于传统培训。

在信息化环境下，教师不只是知识的传播者，也是信息资源的传播者与交流者，是教学环境的创设者。因此，探究传统培训对教师专业能力提升无效或低效的因素很有必要。这些因素包括多方面，从年龄层次上划分，40岁以上的教师有明显的职业倦怠，认为自己已经取得高级职称，大都有"船到码头车到站"的感觉。而30岁以下的教师普遍是刚入职五年内的，他们大都处在探索观望期，对自己的职业生涯规划还在摸索阶段，加上这个阶段是婚嫁、生育阶段，也会对教师专业能力提升有着制约作用。

对此，合肥工业学校结合日常教学及比赛形式让教师的专业能力提升得到实践和巩固。合肥工业学校在教育局校本培训方案的指导下，要求全校教师每年至少讲授一次校级公开课，40岁以下教师每两年参加一次校级以上的教学比赛，通过这两种形式不断地促进教师的信息化应用能力提高。

最后探索出一套适合职业院校教师专业能力提升的培训模式。由于教师信息化教学能力提升研究，选择合肥市三所有代表性的职业学校，从教师的组成、比例、信息化能力水平调查、培训的参与度、培训效果等方面入手，采用调查报表、问卷调查，以及网上信息化能力提升培训数据综合分析，制定相关的目标，对未来的教师培训模式进行研究。在研究过程中，探索出有效性培训对教师专业化能力提升有着重要的作用，信息化培训是教师专业化能力提升的必要途径之一。

利用教师培训的省市级主管部门结合不同职业学校的具体情况进行研究，力求数据的覆盖面及准确性有所保证；利用微信公众号结合传统的调查报告，力求调研的面更广、说服性更强；结合目前信息化教学大赛的参与及结果来推动信息化培训的贯彻实施，更好地服务教师。

前期经过对不同部门的数据收集，确定调研报告的内容；利用线上及线下的问卷调查收集，对上级培训部门未来3～5年的相关政策及培训方向进行研究，再确定在三所职业学校进行的中期研究方向及内容，探索出适合职业学校今后培训的新模式，并可以作为其他市县的参照。

经过在本校的调查研究结果反馈：教师的信息化应用能力提升与教师的年龄、职称成反比，这也说明教师在信息化教学时代，思想意识的接受程度是影响教师信息化水平提高的关键因素（见图4－1）。

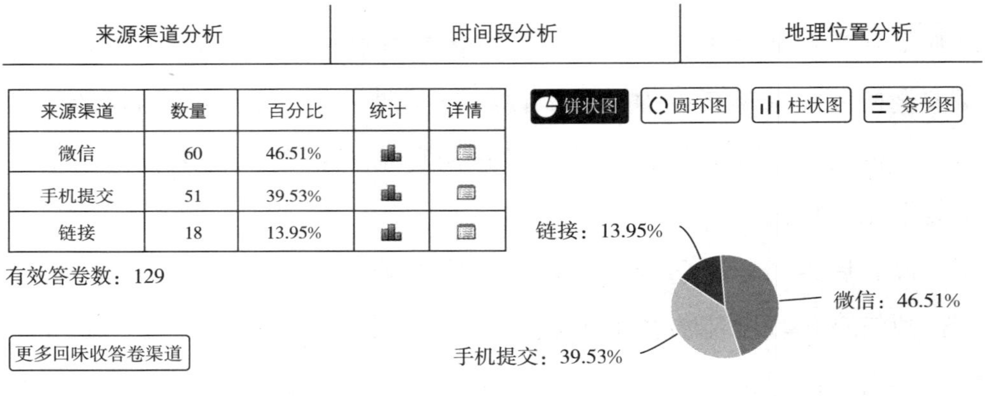
来源渠道分析
时间段分析
地理位置分析
来源渠道 数量 百分比 统计 详情
微信 60 46.51%
手机提交 51 39.53%
链接 18 13.95%
有效答卷数：129
更多回收答卷渠道
饼状图
圆环图
柱状图
条形图
链接：13.95%
微信：46.51%
手机提交：39.53%

图4－1　调研研究结果图

了解现代信息化教学以促进学生主动学习为目的，学校要建立适宜学生学习的信息环境，教师应该充分了解现代信息教学的特点，主动转变教学模式，不断提升自身的信息素养、信息技术水平与运用能力。针对调查结果，从学校层面要能通过绩效的制定、教师职称评定等多方面进行改革，让教师有动力更有责任地去不断增强自身的信息化能力。

通过对中职教师信息化应用能力的研究探索出更多切合学校发展的特色培训，近两年的培训逐渐证明，翻转课堂在中职学校并不是很适用，目前中职课堂利用信息化手段采用更多的是混合式教学模式，即课前微课推送、课中教学实践、课后巩固练习。这种模式对教师的信息化驾驭能力提出了更多更高的要求，除了有信息化教学能力，还要有教学设计能力以及课堂技能施展能力，同时也能在课下利用信息化手段辅助教学。

第五节　教师教学能力提升之途径

当今时代，教师教学能力逐步提高，如何运用信息化手段提升教师教学能力及实践有着相应的途径。在现代技术不断发展的背景下，教师需要灵活使用多种新颖教学方法，如微课、翻转课堂等，以便于提升学生的学习积极性。通过梳理当前提升教师教学能力的几种方法（例如使用信息技术工具等），深入阐述了提升教师教学能力的方法，帮助教师提升自己的职业素养和教学水平。

一、背景

随着科技的快速发展，教育领域也在不断变革，尤其是职业教育。在"互联网＋职业教育"的背景下，教师的教学方式方法和教学能力面临着新的挑战和机遇。为了适应这一变革，教师需要不断提升自己的教学能力，运用现代信息技术手段，探索新的教学模式，以提高教学质量，促进学生的全面发展。

二、教学能力提升途径

（一）课前：充分准备，激发学生兴趣

在课前，教师需要利用各种信息手段，引导学生对所学知识产生兴趣，并了解相关的专业背景知识。例如，教师可以利用学生常用的手机软件，发布一些与课程内容相关的视频或游戏，以激发学生的学习兴趣。同时，教师还可以通过微信群等交流平台，发送与课程相关的专业背景资料给学生，以便于学生更好地理解课程内容。

（1）利用网络资源，丰富教学内容：教师可以通过查阅在线资料、观看相关教育视频等方式，将最新的专业知识和技术融入教学，提高教学内容的时效性和实用性。

（2）设计趣味性预习任务：教师可以布置与课程内容相关的趣味性预习任务，引导学生利用网络资源自主学习，激发学生的学习兴趣和求知欲。

（二）课中：创新教学模式，提高教学质量

在课中，教师可以采用多种信息教学方式，如微课、翻转课堂、弹幕教学和慕课等，以便于学生更好地理解和掌握所学知识。例如，教师可以根据课程要求制作微课，以文字中插入图片为例，教师可以将如何插入图片等知识点制作成微课，以便于学生自主学习。同时，翻转课堂和慕课等教学方式也可以有效提升学生的学习积极性和主动性。

1. 微课教学：教师可以将课程中的重难点知识制作成短小精悍的微课视频，方便学生随时随地学习，提高学习效果。

2. 翻转课堂教学：教师可以运用翻转课堂模式，让学生在课前通过自学完成知识的学习，课上更多地进行讨论、实践和互动，提高学生的参与度和实际操作能力。

3. 弹幕教学：教师可以利用弹幕教学模式，鼓励学生实时提问、发表观点，加强课堂互动，提高学生的注意力。

4. 慕课教学：教师可以引导学生参加优质的在线课程，如慕课，接触到更广泛的知识资源，提高学生的学习效果。

（三）课后：持续反思，优化教学策略

课后，教师需要不断反思自己的教学过程和教学效果，并利用信息技术工具进行辅助教学。例如，教师可以利用智慧管理平台等工具，对学生的学习情况进行统计和分析，以便于更好地指导学生的学习。此外，教师还可以利用各种信息技术工具，如背景音乐等，提升学生的学习积极性和主动性。

（1）利用信息技术进行教学评价：教师可以通过在线平台收集学生的学习数据，对学生的学习情况进行全面、细致的评价，为后续教学提供参考。

（2）教学反思与总结：教师需要不断反思和总结自己的教学过程，找出不足之处，调整教学策略，以提高教学质量。

三、教学能力提升对教师的要求

在"互联网＋职业教育"的背景下，教师需要紧跟时代步伐，不断提升自己的教学能力，运用现代信息技术手段，创新教学模式，以提高教学质量，培养更多高素质的职业技能人才。同时，教师还需要关注学生的个体差异，因材施教，激发学生的学习兴趣和潜能，帮助他们更好地规划职业生涯，实现人生价值。

现代技术的发展为教师教学能力的提升提供了新的途径和方法。教师需要不断学习新技术、新方法，并将其应用于教学中，以便于更好地激发学生的学习兴趣和主动性，提升教学效果。同时，教师还需要注重职业生涯的规划和发展，了解为什么要学习这门课，对于学生来说会对自己的职业生涯有一定的了解，让他们意识到自己的职业有强劲发展前景。这不仅有助于提升教学效果，也有助于增强学生的职业认同感。

现在是职业教育蓬勃发展的时代，国家的政策鼓励和教师们对于新兴技术的运用都是为了提高学生的专业能力和专业实力。职业教育不仅要站得高，还要看得远。"站得高"意味着要在学生现有理解能力的基础上给他们一个跳板，让他们所学内容更好地与大专乃至大学本科的学习内容做衔接。"看得远"是指要对自己的职业生涯有更长远的知识规划。了解为什么要学习这门课，对于学生来说会对自己的职业生涯有一定的了解，让他们意识到自己的职业有强劲的发展前景，从而增强职业认同感。

为了实现这一目标，教师需要不断提升自己的专业知识和教学能力，同时也需要关注学生的个性化发展。通过合理运用现代信息技术，如互联网、大数据、云计算等，教师可以更有效地进行教学设计和教学评估，为学生提供更加个性化的教学服务。

此外，教师还需要积极参与职业教育的改革和创新，不断探索和实践新的教学模式和方法。例如，通过开展校企合作、实习实训等方式，将理论教学与实践操作相结合，为学生提供更加真实和实用的学习体验。

总之，提升教师教学能力的工作是一个系统工程，需要教师、学校、企业和社会各方共同努力。在"互联网＋职业教育"的大背景下，教师应积极拥抱现代信息技术，不断提升自己的教学能力和素养，为学生的成长和发展贡献自己的力量。

参 考 文 献

[1] 傅惠钧．教师口语艺术［M］．杭州：浙江教育出版社，2001.

[2] 韩晓玲，黄勇，李志文．现代教育技术与素质教育［J］．电化教育研究，2001（2）：19－21.

[3] 陈彩彦．"互联网＋"时代背景下大学生创新创业教育改革探析［J］．微型电脑应用，2018，34（10）：89－90，97.

[4] 张亭亭．"互联网＋"思维下大学生微营销创业的研究［J］．中国商论，2018（24）：45－46.

[5] 王蕾．"互联网＋"背景下商科学生创新创业教育的探索实践［J］．中国商论，2018（15）：189－190.

[6] 刘志欣，王东亮，聂钦宇．"互联网＋"背景下大学生创新创业教学研究——评《"互联网＋"大学生创新创业教育研究》［J］．新闻与写作，2018（5）．

[7] 张龙，林航，林锴．商科大学生互联网创业意愿研究［J］．

哈尔滨职业技术学院学报，2018（6）：83-87.

[8] 刘博 . "互联网＋"时代下学生创新创业能力培养探讨 [J] . 辽宁高职学报，2018，20（4）：110-112.

[9] 张金磊，王颖，张宝辉 . 翻转课堂教学模式研究 [J] . 远程教育杂志，2012（4）：46-51.

[10] 王燕丽 . 中职教师信息化教学能力培养策略 [J] . 职业技信教育，2014（32）：75-77.

[11] 高德毅，宗爱东 . 课程思政：有效发挥课堂育人主渠道作用的必然选择 [J] . 思想理论教育导刊，2017（1）：31-34.

[12] 邱伟光 . 课程思政的价值意蕴与生成路径 [J] . 思想理论教育，2017（7）：10-14.

[13] 何红娟 . "思政课程"到"课程思政"发展的内在逻辑及建构策略[J] . 思想政治教育研究，2017（5）：60-64.

[14] 陈群 . 提质培优背景下增强职业教育适应性的出发点、难点与突破点[J] . 教育与职业，2021（11）：5-12.